말하기가 10배 빨라지는

중국어회화

말하기가 10배 빨라지는

10배속 중국어회화

초판 인쇄일 2018년 7월 13일
초판 발행일 2018년 7월 20일

지은이 Pornpen Lertchaipattanakul
옮긴이 전혜원
발행인 박정모
등록번호 제9-295호
발행처 도서출판 혜지원
주소 (10881) 경기도 파주시 회동길 445-4(문발동 638) 302호
전화 031) 955-9221~5 팩스 031) 955-9220
홈페이지 www.hyejiwon.co.kr

기획 · 진행 박혜지
디자인 조수안
영업마케팅 김남권, 황대일, 서지영
ISBN 978-89-8379-963-0
정가 10,000원

이 도서의 국립중앙도서관 출판예정도서목록(CIP)은 서지정보유통지원시스템 홈페이지(http://seoji.nl.go.kr)와
국가자료공동목록시스템(http://www.nl.go.kr/kolisnet)에서 이용하실 수 있습니다.(CIP제어번호: CIP2018019674)

말하기가 10배 빨라지는

10배속 중국어회화

혜지연

이 책에 대해

❶ 21개의 대주제

10배속 중국어회화는 All in one의 개념으로 이 책은 21개의 대주제로 이루어져있으며 독자가 짧은 문장이지만 중국어를 말할 수 있도록 만들었습니다. 실생활에서 있을 법한 여러 상황을 다뤄 이해하기 쉽고 재미있게 구성했어요.

❷ 150개의 소주제

21개의 대주제는 150개의 소주제로 나뉘어 있습니다. 철저히 생활과 가장 밀접한 중국어회화를 배울 수 있을 거예요!

Chapter 03
告別
작별 인사

Chapter 02
自我介绍
자기소개

4

❸ 그림을 통한 학습

모든 내용은 그림을 통해 「그림」+「문자」 기억하는 방식을 사용했어요. 중국어회화 공부할 때 쉽게 기억할 수 있도록 했습니다. 아마도 중국어회화랑 사랑에 빠지게 될 거예요!

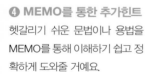

咸	甜	酸
xián	tián	suān
(씨엔)	(티엔)	(쑤완)
짠맛	단맛	신맛

苦	油膩	辣
kǔ	yóuni	là
(쿠)	(요우니)	(라)
쓴맛	느끼한 맛	매운맛

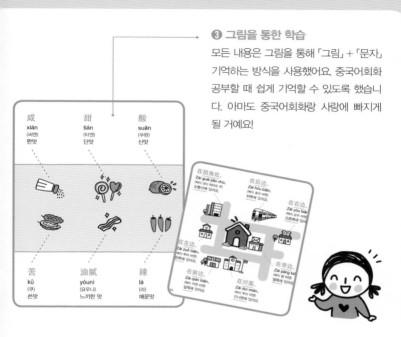

❹ MEMO를 통한 추가힌트

헷갈리기 쉬운 문법이나 용법을 MEMO를 통해 이해하기 쉽고 정확하게 도와줄 거예요.

Memo

중국어로 "…씨"에 해당하는 말은 여자의 경우 "小姐 샤오 지에"이고, 남자의 경우 "先生 시엔 셩"입니다. 하지만 小姐는 공식적인 자리에서만 사용하고 요즘은 부정적인 어감이 있다고 하여 일상에서는 사용하지 않습니다.

小姐
(xiǎo jiě)
여자

先生
(xiān sheng)
남자

❺ 여러 가지 표현

한국어와 중국어에는 표현 방식의 차이가 있을 수 있어요. 이 책은 여러 가지의 중국어 표현을 다루었어요. 보다 다양한 표현을 배우고 자유자재로 쓸 수 있도록 말이죠!

❻ 문장 유형을 통째로 학습

문장 유형을 통해 자주 쓰는 중국어를 배울 거예요. 중국어 문장은 미술과 같아요. 한 문장 유형에 관련된 단어를 함께 제대로 배우면 이를 활용해 다양한 중국어 문장을 구사할 수 있을거예요.

📖 **당신의 …에 감사드립니다**

谢谢你的
Xiè xie nǐ de
(쎄 쎼 니 더)
당신의 …에 감사드립니다

+

…
감사의 내용

❼ 휴대용 MP3 ▶ MP3 01-01

이 책은 언제든지 휴대하며 들을 수 있도록 MP3 파일을 제공합니다. 반복해서 들으며 듣기 능력을 기르고 따라 말하며 말하는 능력을 높여보세요. 정확한 발음을 듣고 배워서 중국어 실력을 높여봅시다.

온하면 "나는 잘 지내요."라고 답할 수 있겠죠. 중국어로는
ㅏ. ▶ MP3 01-05

我很好。
Wǒ hěn hǎo.
(워 헌 하오)
나는 잘 지내요.

MP3 다운로드 방법

MP3 파일은 혜지원 홈페이지(http://www.hyejiwon.co.kr)에서 다운로드 받으실 수 있습니다.

들어가는 말

용의 나라인 중국의 인구가 13억이 넘어가면서 이제 중국어는 외국인이 선호하는 언어가 되어가고 있습니다.

이 책은 여러분이 선택할 수 있는 중국어 학습책 중의 하나입니다. 이 책은 중국어 문법을 설명하진 않았지만 우리가 실제로 접하게 될 여러 상황에서 쓸 수 있는 쉬운 문장들을 담았습니다. 해외로 향하는 비행기에 오를 때부터 시작해 음식과 음료를 주문하기, 물건 가격 흥정하기, 위로와 격려, 그리고 누군가에게 반했을 때 쓸 수 있는 표현들까지 바로바로 머릿속에서 떠올려 사용할 수 있는 문장들만 모았습니다.

중국어도 다른 외국어와 마찬가지로 시간을 투자해서 반복학습하면 우리에게 익숙하고 자연스럽게 사용할 수 있습니다. 부디 이 책이 독자 여러분을 중국어의 세계로 이끌어 지루하지 않고 즐겁게 배울 수 있는 시작점이 되기를 바랍니다.

이 책을 집필할 기회를 주신 "앤 씨"에게 감사드립니다. 인내와 관심으로 검수를 마쳐 완성본이 나올 수 있도록 해주신 "프라우(드)" 출판사 편집부 여러분께 감사드립니다. 태국과 중국의 모든 친구들과 총책임자 때와디 끄리빠난씨 뿐만 아니라 디플랜스(치앙하이) 컨설팅 유한회사 여러분들 그리고 단어와 문장 검수를 맡아준 安雷와 钟婷婷 가족들과 친구들 그리고 격려해주신 많은 분들을 마지막으로, 이 책을 골라주신 독자 여러분께 감사드립니다.

목차

PART 01 인사

PART 02 자기소개

PART 03 작별 인사

PART 04 감사

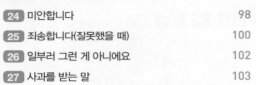

PART 11 식당에서

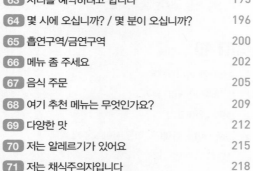

PART 14 생각 / 느낌

PART 15 취미

PART 18 축하 / 덕담 / 위로 / 격려

PART 19 사랑한다 / 사랑하지 않는다

PART 20 질병

PART 21 자주 쓰는 문장과 표현

打招呼
인사

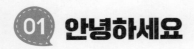 01 안녕하세요

(▶) MP3 01-01

📝 안녕(누구에게나 쓸 수 있는 인사)

처음은 인사말로 시작해보도록 하겠습니다. 중국어로 "안녕"이라는 뜻을 나타내는 말은 상황에 따라 여러가지가 있습니다. 지금부터 알아볼 첫 번째 "안녕" 표현은 남녀노소 누구나 모든 상황에서 쓸 수 있는 말입니다.

你 好!
Nǐ hǎo!
(니 하오)
안녕!

"你 니"라는 단어는 "당신"이라는 뜻입니다. "좋다"라는 뜻을 가진 "好 하오"라는 단어와 합쳐지면 "안녕"이라는 새로운 뜻을 가진 你好라는 말이 됩니다. 대화하는 상대의 이름을 먼저 부르고 그 다음에 "안녕"이라고 해보세요.

丽丽, 你好!	佩佩, 你好!
Lì li, nǐ hǎo!	Pèi pei, nǐ hǎo!
(리 리, 니 하오!)	(페이 페이, 니 하오!)
안녕, 리리!	안녕, 페이페이!

📝 안녕하세요 (윗사람에게 쓰는 인사)

윗사람에게 "안녕하세요."라고 말하려면 또 다른 표현을 써야 합니다. "당신"이라는 뜻을 가진 단어 "你 니" 대신에 "귀하"라는 뜻을 가진 "您 닌"을 써서 나타냅니다.

您好!
Nín hǎo!
(닌 하오!)
안녕하세요!

▶ Dialogue

爷爷, 您好!
Yé ye, nín hǎo!
(예 예, 닌 하오!)
안녕하세요, 할아버지!

你好!
Nǐ hǎo!
(니 하오!)
안녕!

02 시간에 따른 인사말

▶ MP3 01-02

시간대를 나타내주는 인사말은 친구나 어른에게 쓰는 말과는 다릅니다. 먼저 당신이라는 뜻의 "你 니"와 귀하라는 뜻의 "您 닌"을 떼어내고 "좋다"라는 뜻을 가진 "好 하오"만 가져옵니다. 그리고 다음과 같이 문장 속 시간을 나타내는 표현 뒤에 넣어주면 됩니다.

📝 시간에 따른 인사말

시간
(아침/오후/저녁)

➕

好!
hǎo!
(하오!)
(좋은…) / 좋다

22

📝 아침 인사

아침에 하는 인사는 다음과 같이 아침이라는 뜻을 가진 "早上 자오 샹"을 넣어줍니다.

早上好!
Zǎo shàng hǎo!
(자오 샹 하오!)
좋은 아침입니다!

▶ **Dialogue**

杨幂，早上好!
Yáng mì, zǎo shàng hǎo!
(양 미, 자오 샹 하오!)
양미야, 좋은 아침!

早!
Zǎo!
(자오!)
좋은 아침이에요.

또는 회화 예문 속의 양미처럼 짧게 "早 자오"라고 말해도 같은 뜻입니다.

🖊 오후 인사

오후에 인사를 할 때는 오후라는 뜻을 가진 "下午 씨아 우"라는 단어를 사용해서 "좋은 오후"라고 표현합니다.

下午好!
Xià wǔ hǎo!
(씨아 우 하오!)
좋은 오후입니다!

▶ Dialogue

力宏, 下午好!
Lì hóng, xià wǔ hǎo!
(리 훙, 씨아 우 하오!)
리훙, 좋은 오후!

下午好!
Xià wǔ hǎo!
(씨아 우 하오!)
좋은 오후예요.

✍ 저녁 인사

또한 중국어로 저녁이라는 뜻을 가진 단어는 "晚上 완 샹"입니다. 이 단어를 써서 "좋은 저녁"이라고 표현합니다.

晚上好!
Wǎn shang hǎo!
(완 샹 하오!)
좋은 저녁입니다!

▶ Dialogue

冰冰，晚上好!
Bīng bīng, wǎn shang hǎo!
(빙 빙, 완 샹 하오!)
빙빙, 좋은 저녁!

晚上好!
Wǎn shang hǎo!
(완 샹 하오!)
좋은 저녁이에요!

25

03 오랜만이에요

오랜만에 보는 사람에게는 이렇게 말할 수 있습니다.

📝 오랜만이에요

好久不见!
Hǎo jiǔ bú jiàn!
(하오 지유 부 찌엔!)
오랜만이에요!

- -

▶ **Dialogue**

丽丽，你好!
Lì li, nǐ hǎo!
(리 리, 니 하오!)
리리야, 안녕!

佩佩，你好! 好久不见!
Pèi pei, nǐ hǎo! hǎo jiǔ bú jiàn!
(페이 페이, 니 하오! 하오 지유 부 찌엔!)
페이페이, 안녕! 오랜만이야!

📝 어쩐 일로 왔어요

또 하나의 표현은 "어쩐 일로 왔어." 입니다. 바람이라는 뜻의 "风 펑"을 써서 "무슨 바람이 불어서 왔어"라는 이 표현을 의역한 것입니다.

什么风把你吹来了!
Shén me fēng bǎ nǐ chuī lái le!
(션 머 펑 바 니 추이 라이 러!)
어쩐 일로 왔어요!

▶ **Dialogue**

佩佩，你好！ 什么风把你吹来了!
Pèi pei, nǐ hǎo!
shén me fēng bǎ nǐ chuī lái le!
(페이 페이, 니 하오! 션 머 펑 바 니 추이 라이 러!)
페이페이, 안녕! 어쩐 일로 왔어요!

很想你!
Hěn xiǎng nǐ !
(헌 씨앙 니!)
보고 싶었어요!

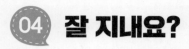

04 잘 지내요?

▶ MP3 01-04

✍️ 잘 지내요?

안녕 하고 인사를 한 다음에는 이어서 안부를 묻습니다. "你好 니 하오"라는 말은 보통 "잘 지내다"라는 뜻으로 해석됩니다. 맨 끝에 "吗 마"를 붙여 주면 "잘 지내?"라는 뜻으로 변하게 됩니다.

你好吗?

Nǐ hǎo ma?

(니 하오 마?)

잘 지내요?

▶ Dialogue

丹丹，你好！

Dān dān, nǐ hǎo!

(딴딴, 니 하오!)

딴딴, 안녕!

力宏，你好吗?

Lì hóng, nǐ hǎo ma?

(리 훙, 니 하오 마?)

리훙, 잘 지내?

📝 요즘 어떻게 지내요?

또는 "요즘 어떻게 지내?"라고 말할 수 있습니다. 요즘, 최근이라는 뜻을 가진 단어는 "最近 쭈이 찐"입니다.

最近怎么样?
Zuì jìn zěn me yàng?
(쭈이 찐 쩐 머 양?)
요즘 어떻게 지내요?

▶ **Dialogue**

丹丹, 你好!
Dān dān, nǐ hǎo!
(딴딴. 니 하오!)
딴딴, 안녕!

你好, 丽丽, 最近怎么样?
Nǐ hǎo, Lì li, Zuì jìn zěn me yàng?
(니 하오 리 리. 쭈이 찐 쩐 머 양?)
안녕! 리리, 요즘 어떻게 지내?

05 나는 잘 지내요 / 잘 못 지내요

몸과 마음이 평온하면 "나는 잘 지내요."라고 답할 수 있겠죠. 중국어로는
이렇게 말합니다.

▶ MP3 01-05

我很好。
Wǒ hěn hǎo。
(워 헌 하오)
나는 잘 지내요.

▶ **Dialogue**

丽丽，你好吗?
Lì li, nǐ hǎo ma?
(리 리, 니 하오 마?)
리리, 잘 지내요?

我很好。
Wǒ hěn hǎo。
(워 헌 하오)
나는 잘 지내요.

만약 "너는 잘 지내?"라고 되묻고 싶다면 간단하게 "너는?"하고 말할 수 있습니다. 중국어로는 "你呢 니 너"라고 합니다.

▶ **Dialogue**

大卫，你好！最近怎么样？
Dà wèi, nǐ hǎo! zuì jìn zěn me yàng?
(따 웨이, 니 하오! 쭈이 찐 쩐 머 양?)
따웨이, 안녕! 요즘 어떻게 지내?

(最近) 我很好。你呢？
(zuì jìn) Wǒ hěn hǎo。 nǐ ne?
((쭈이 찐) 워 헌 하오. 니 너?)
(요즘) 나는 잘 지내. 너는?

我也很好。
Wǒ yě hěn hǎo。
(워 예 헌 하오)
나도 잘 지내.

📝 잘 못 지내요

하지만 만약 몸이 문제라면 어디가 아픈지 어떻게 말할 수 있을까요? 바로
이렇게 말할 수 있습니다.

最近我感冒了。
Zuì jìn wǒ gǎn mào le。
(쭈이 찐 워 간 마오 러)
최근에 나는 감기에 걸렸어요.

또는 최근 바빠서 잘 못 지내는 경우에는 이렇게 말합니다.

最近我很忙。
Zuì jìn wǒ hěn máng。
(쭈이 찐 워 헌 망)
최근에 나는 무척 바빠요.

► **Dialogue**

你好吗?

Nǐ hǎo ma?

(니 하오 마?)

잘 지내?

最近我感冒了。 你呢?

Zuì jìn wǒ gǎn mào le。 nǐ ne?

(쭈이 찐 워 간 마오 러. 니 너?)

최근에 나는 감기에 걸렸어. 너는?

最近我也感冒了。

Zuì jìn wǒ yé gǎn mào le。

(쭈이 찐 워 예 간 마오 러)

최근에 나도 감기에 걸렸어.

Chapter
02

自我介绍

자기소개

제 이름은 …입니다

▶ MP3 02-06

첫 번째 단원에서 우리는 인사말과 안부를 주고받는 말을 배웠습니다. 이번에는 처음 알게 된 사람과 주고받는 대화를 배우도록 하겠습니다. 먼저 이름을 소개하는 법부터 배워보겠습니다. 자신의 이름을 소개할 때는 문장 앞부분에 나라는 뜻의 "我 워"를 놓고, 이어서 "이름이 …다."라는 뜻을 가진 "叫 찌아오" 뒤에 자신의 이름을 말해줍니다.

📝 제 이름은…입니다

我叫
Wǒ jiào
(워 찌아오)
제 이름은

➕

…
…입니다.

Lì li

我叫丽丽。
Wǒ jiào Lì li。
(워 찌아오 리 리)
제 이름은 리리입니다.

Pèi pei

我叫佩佩。
Wǒ jiào Pèi pei。
(워 찌아오 페이 페이)
제 이름은 페이페이입니다.

하지만 다른 사람의 이름을 물어볼 때에는 앞에 "그 사람" 또는 "너"라는 말을 넣어야 합니다.

📝 그의 이름은 …

他 叫
Tā jiào
(타 찌아오)
그의 이름은

+

…
…입니다.

他叫力宏。
Tā jiào Lì hóng。
(타 찌아오 리 훙)
그의 이름은 리훙입니다.

他叫大卫。
Tā jiào Dà wèi。
(타 찌아오 따 웨이)
그의 이름은 따웨이입니다.

"他 타"는 대상이 남자일 때 쓰는 단어입니다. 대상이 여자인 경우에는 "她 타"를 씁니다(소리는 같지만 글자는 다르답니다).

📝 그녀의 이름은 …

她叫
Tā jiào
(타 찌아오)
그녀의 이름은

+

…

…입니다.

대상이 여자일 때
"그녀"를 쓴다

她叫丹丹。
Tā jiào Dān dān。
(타 찌아오 딴딴)
그녀의 이름은 딴딴입니다.

她叫杨幂。
Tā jiào Yáng mì。
(타 찌아오 양 미)
그녀의 이름은 양미입니다.

당신의 이름은 무엇입니까?

🔖 너의 이름은 뭐니? (일반적으로 많이 쓰이는 표현)

내 이름을 말했으니 이번에는 다른 사람의 이름을 물어볼까요? 어느 상황에서나 쓸 수 있는 표현부터 알아봅시다.

▶ MP3 02-07

你叫什么名字?
Nǐ jiào shén me míng zi?
(니 찌아오 션 머 밍 쯔?)
너의 이름은 뭐니?

- -

▶ **Dialogue**

你叫什么名字?
Nǐ jiào shén me míng zi?
(니 찌아오 션 머 밍 쯔?)
너의 이름은 뭐니?

我叫章子怡, 你呢?
Wǒ jiào Zhāng Zǐ yí, nǐ ne?
(워 찌아오 쨩 쯔 이. 니 너?)
내 이름은 쨩쯔이야. 너는?

예문처럼 먼저 이름을 알려주고 나서 상대방의 이름을 물어볼 때는 앞에서 배웠던 것과 마찬가지로 짧게 "你呢? 니 너?(너는?)"하고 물어볼 수 있습니다.

📝 당신의 이름은 무엇입니까?(정중한 표현)

자신보다 윗사람에게 이름을 묻거나 평소보다 더 정중하게 말해야 하는 상황에서는 다음과 같이 말합니다.

您贵姓?
Nín guì xìng?
(닌 꾸이 씽?)
당신의 이름은 무엇입니까?

▶ Dialogue

请问，您贵姓?
Qǐng wèn, nín guì xìng?
(칭 원, 닌 꾸이 씽?)
실례지만, 당신의 이름은 무엇입니까?

我叫王力宏。
Wǒ jiào Wáng Lì hóng。
(워 찌아오 왕 리 훙)
제 이름은 왕리훙입니다.

예문에서 볼 수 있듯이 더 예의 있게 물어보려면 "请问 칭 원"이라는 표현을 문장 앞에 넣을 수 있습니다. "실례합니다"라는 뜻입니다.

당신은 어디에서 왔습니까?

📖 당신은 어디에서 왔습니까?

우리가 서로 알아갈 때 즐겨 쓰는 또 하나의 표현은 상대방에게 "어디에서 왔습니까? 또는 "어디 사람입니까?"입니다. 영어의 "Where are you from?"과 같습니다.

▶ MP3 02-08

你来自哪儿?

Nǐ lái zì nár?
(니 라이 쯔 날?)
당신은 어디에서 왔습니까?

질문을 받은 사람은 여러 가지로 대답할 수 있습니다. 예를 들면 이런 나라, 그런 지역, 저런 도시에서 왔다고 대답할 수 있습니다. 문장 앞에 "나는 …에서 왔다."라는 뜻의 "你来自 워 라이 쯔"를 말해주고 그 뒤에 자신의 출신지를 말하면 됩니다.

▶ **Dialogue**

你来自哪儿?

Nǐ lái zì nár?

(니 라이 쯔 날?)

당신은 어디에서 왔습니까?

我来自北方。

Wǒ lái zì běi fāng。

(워 라이 쯔 베이 팡)

저는 북쪽 지방에서 왔습니다.

我来自台湾。

Wǒ lái zì Tái wān。

(워 라이 쯔 타이완)

저는 타이완에서 왔습니다.

41

📝 당신은 어느 나라 사람입니까?

만약 우리가 타지에서 우연히 같은 출신의 사람과 대화를 나누게 된다면 반가움과 동시에 좀 더 친근감을 느끼게 될 것입니다. 중국어로는 구체적으로 "당신은 어느 나라에서 왔습니까?" 또는 "당신은 어느 나라 사람입니까?"라고 다음과 같이 물어볼 수 있습니다.

你是哪国人?
Nǐ shì nǎ guó rén?
(니 쓰 나 구어 런?)
당신은 어느 나라 사람입니까?

내가 어느 나라 사람인지 대답할 때는 이렇게 말할 수 있습니다.

📝 저는 … 사람입니다

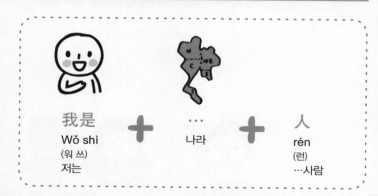

我是
Wǒ shì
(워 쓰)
저는

+

…
나라

+

人
rén
(런)
…사람

"我是 워 쓰"라는 단어는 "저는"이라는 말과 같습니다. 나라 이름을 넣고 그 뒤에 "사람"이라는 뜻의 "人 런"을 붙여주면 "나는 …사람이다." 또는 "나는 …인이다."라는 말이 됩니다.

你是哪国人?

Nǐ shì nǎ guó rén?
(니 쓰 나 구어 런?)
당신은 어느 나라 사람입니까?

我是韩国人。

Wǒ shì Hán guó rén。
(워 쓰 한 구어 런)
저는 한국인입니다.

43

📝 여러 나라들

다른 나라 사람이라면 어떻게 대답할 수 있을까요? 함께 살펴봅시다.

중국인	中国人	Zhōng guó rén	쫑 구어 런
일본인	日本人	Rì běn rén	르 번 런
태국인	泰国人	Tài guó rén	타이 구어 런
싱가포르인	新加坡人	Xīn jiā pō rén	씬 지아 포 런
라오스인	老挝人	Lǎo wō rén	라오 워 런
베트남인	越南人	Yuè nán rén	위에 난 런
미얀마인	缅甸人	Miǎn diàn rén	미안 디엔 런
캄보디아인	柬埔寨人	Jiǎn pǔ zhài rén	지엔 푸 자이 런
영국인	英国人	Yīng guó rén	잉 구어 런
미국인	美国人	Měi guó rén	메이 구어 런

我是日本人。
Wǒ shì Rì běn rén。
(워 쓰 르 번 런)
저는 일본인입니다.

我是美国人。
Wǒ shì Měi guó rén。
(워 쓰 메이 구어 런)
저는 미국인입니다.

我是泰国人。
Wǒ shì Tài guó rén。
(워 쓰 타이 구어 런)
저는 태국인입니다.

09 당신은 몇 살입니까?

 몇 살이니? (10살 이하의 어린아이에게 쓰는 말)

중국어로 나이를 묻는 말은 상대방의 나이에 따라 다양합니다. 10살 이하의
어린아이에게 쓸 수 있는 표현부터 보도록 합시다. 이렇게 물어볼 수 있습니다.

你几岁了?
Nǐ jǐ suì le?
(니 지 쑤이 러?)
몇 살이니?

小朋友，你几岁了?
Xiǎo péng you, nǐ jǐ suì le?
(씨아오 펑 요우, 니 지 쑤이 러?)
얘야, 너는 몇 살이니?

📝 몇 살이야(입니까)? (또래에게 쓰는 말)

또래의 사람에게 "몇 살이야?" 하고 물어볼 때는 다음과 같은 표현을 씁니다. 가장 일반적인 표현입니다.

你多大?
Nǐ duō dà?
(니 두어 따?)
너는 몇 살이야?

📝 나이가 어떻게 되십니까? (윗사람에게 쓰는 말)

윗사람에게 나이를 물어볼 때, 상대방의 나이가 60세를 넘지 않은 것 같으면 이렇게 물어봅니다.

请问您多大年纪?
Qǐng wèn nín duō dà niánjì?
(칭 원 닌 두어 따 니 엔 찌?)
실례지만 나이가 어떻게 되십니까?

阿姨，请问您多大年纪?
Ā yí, qǐng wèn nín duō dà niánjì?
(아 이, 칭 원 닌 두어 따 니 넨 찌?)
이모, 실례지만 나이가 어떻게 되십니까?

47

할아버지, 할머니와 같이 나이가 많은 사람에게 나이를 여쭤볼 때 이렇게
말할 수 있습니다.

请问您高寿?
Qǐng wèn nín gāo shòu?
(칭 원 닌 까오 쇼우?)
실례지만, 연세가 어떻게 되시나요?

爷爷，请问您高寿?
Yé ye, qǐng wèn nín gāo shòu?
(예 예, 칭 원 닌 까오 쇼우?)
할아버지, 실례지만 연세가 어떻게 되세요?

10 나이 말하기

▶ MP3 02-10

📝 나는 …살이다 (열 살 이하)

나이가 몇 살인지 대답하는 문장을 보기 전에, 숫자의 개념을 먼저 이해해봅시다. 중국어에서 1부터 10까지는 다음과 같습니다.

1	一	yī	이
2	二	èr	얼
3	三	sān	산
4	四	sì	쓰
5	五	wǔ	우
6	六	liù	리요우
7	七	qī	치
8	八	bā	빠
9	九	jiǔ	지요우
10	十	shí	슬

숫자를 문장 속에 넣어 나이를 말하는 문장을 만들 수 있습니다.

我 **+** … **+** 岁了。
Wǒ · 나이 · suì le。
(워) · · (쑤이 러)
나 · · …살

我五岁了。
Wǒ wǔ suì le。
(워 우 쑤이 러)
저는 다섯 살입니다.

我九岁了。
Wǒ jiǔ suì le。
(워 지요우 쑤이 러)
저는 아홉 살입니다.

我十岁了。
Wǒ shí suì le。
(워 슬 쑤이 러)
저는 열 살입니다.

✎ 나는 … 살입니다(열살 이상)

열 살 이상의 나이는 두 개의 단위를 합쳐 사용합니다. 예를 들어 "11"은 10 과 1이 합쳐진 형태입니다.

11		10		1
十一	은	十	더하기	一
shí yī		shí		yī
(슬 이)		(슬)		(이)
십일		십		일

나이가 열한 살이라고 말하고 싶을 땐 이렇게 표현할 수 있습니다.

我十一岁了。
Wǒ shí yī suì le。
(워 슬 이 쑤이 러)
나는 열한 살이야.

두 자릿수에서 "30" 같이 딱 떨어지는 숫자는 먼저 3을 말하고 이어서 10 을 붙여 말합니다.

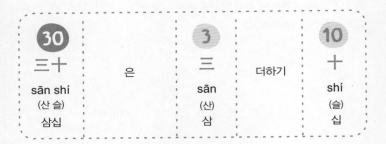

30 三十 sān shí (산 슬) 삼십	은	3 三 sān (산) 삼	더하기	10 十 shí (슬) 십

나이가 서른 살이라고 말하고 싶을 땐 이렇게 표현할 수 있습니다.

我三十岁了。
Wǒ sān shí suì le。
(워 산 슬 쑤이 러)
나는 서른 살이야.

다른 두 자릿수 숫자들을 연습해봅시다.

11-20

11	十一	shí yī	슬 이
12	十二	shí èr	슬 얼
13	十三	shí sān	슬 산
14	十四	shí sì	슬 쓰
15	十五	shí wǔ	슬 우
16	十六	shí liù	슬 리요우
17	十七	shí qī	슬 치
18	十八	shí bā	슬 빠
19	十九	shí jiǔ	슬 지요우
20	二十	èr shí	얼 슬

21-30

21	二十一	èr shí yī	얼 슬 이
22	二十二	èr shí èr	얼 슬 얼
23	二十三	èr shí sān	얼 슬 산
24	二十四	èr shí sì	얼 슬 쓰
25	二十五	èr shí wǔ	얼 슬 우
26	二十六	èr shí liù	얼 슬 리요우
27	二十七	èr shí qī	얼 슬 치
28	二十八	èr shí bā	얼 슬 빠
29	二十九	èr shí jiǔ	얼 슬 지요우
30	三十	sān shí	산 슬

31	三十一	sān shí yī	산 슬 이
32	三十二	sān shí èr	산 슬 얼
33	三十三	sān shí sān	산 슬 산
34	三十四	sān shí sì	산 슬 쓰
35	三十五	sān shí wǔ	산 슬 우
36	三十六	sān shí liù	산 슬 리요우
37	三十七	sān shí qī	산 슬 치
38	三十八	sān shí bā	산 슬 빠
39	三十九	sān shí jiǔ	산 슬 지요우
40	四十	sì shí	쓰 슬

41	四十一	sì shí yī	쓰 슬 이
42	四十二	sì shí èr	쓰 슬 얼
43	四十三	sì shí sān	쓰 슬 산
44	四十四	sì shí sì	쓰 슬 쓰
45	四十五	sì shí wǔ	쓰 슬 우
46	四十六	sì shí liù	쓰 슬 리요우
47	四十七	sì shí qī	쓰 슬 치
48	四十八	sì shí bā	쓰 슬 빠
49	四十九	sì shí jiǔ	쓰 슬 지요우
50	五十	wǔ shí	우 쓸

51-60

51	五十一	wǔ shí yī	우 슬 이
52	五十二	wǔ shí èr	우 슬 얼
53	五十三	wǔ shí sān	우 슬 산
54	五十四	wǔ shí sì	우 슬 쓰
55	五十五	wǔ shí wǔ	우 슬 우
56	五十六	wǔ shí liù	우 슬 리요우
57	五十七	wǔ shí qī	우 슬 치
58	五十八	wǔ shí bā	우 슬 빠
59	五十九	wǔ shí jiǔ	우 슬 지요우
60	六十	liù shí	리요우 슬

61-70

61	六十一	liù shí yī	리요우 슬 이
62	六十二	liù shí èr	리요우 슬 얼
63	六十三	liù shí sān	리요우 슬 산
64	六十四	liù shí sì	리요우 슬 쓰
65	六十五	liù shí wǔ	리요우 슬 우
66	六十六	liù shí liù	리요우 슬 리요우
67	六十七	liù shí qī	리요우 슬 치
68	六十八	liù shí bā	리요우 슬 빠
69	六十九	liù shí jiǔ	리요우 슬 지요우
70	七十	qī shí	치 슬

71-80, 81-90, 91-100까지 숫자 세는 방법도 같습니다.

11 당신은 무슨 일을 합니까?

📝 당신은 무슨 일을 합니까?

이제 일과 관련된 내용을 말해봅시다. "일"이라는 뜻을 가진 중국어는 "工作 꽁 쭈어"입니다. 대화하는 상대에게 무슨 일을 하는지 물어보고 싶을 때는 이렇게 말합니다.

▶ MP3 02-11

你做什么工作?
Nǐ zuò shén me gōng zuò?
(니 쭈어 션 머 꽁 쭈어?)
당신은 무슨 일을 합니까?

📝 나는 … 이다.

나의 직업이 무엇인지 대답할 때는 "나는 …이다."와 같이 간단한 문장을 사용합니다. 직업에 해당하는 단어를 뒤에 붙여줍니다.

我是
Wǒ shì
(워 쓰)
나는 …이다

➕

…
직업

► Dialogue

你做什么工作?

Nǐ zuò shén me gōng zuò?
(니 쭈어 션 머 꽁 쭈어)
당신은 무슨 일을 합니까?

我是老师, 你呢?

Wǒ shì lǎo shī, nǐ ne?
(워 쓰 라오 슬, 니 너?)
저는 선생님입니다. 당신은요?

我是工程师。

Wǒ shì gōng chéng shī。
(워 쓰 공 청 슬)
저는 엔지니어입니다.

🖊 여러 가지 직업

医生
yī shēng
(이 셩)
의사

工程师
gōng chéng shī
(꽁 청 슬)
엔지니어

学生
xué sheng
(슈어 셩)
학생

记者
jì zhě
(지 즈어)
기자

家庭主妇
jiā tíng zhǔ fù
(지아 팅 주 푸)
가정주부

老师
lǎo shī
(라오 슬)
선생님

化妆师
huà zhuāng shī
(화 쫭 슬)
메이크업 아티스트

商人
shāng rén
(샹 런)
사업가

秘书
mì shū
(미 슈)
비서

做买卖的
zuò mǎi mài de
(쭈어 마이 마이 더)
장사, 상인

12 혼인 여부

당신은 결혼했습니까?

상대방에게 말을 조심하기 위해 혼인 여부를 물어보기도 합니다. 예를 들면 상대방의 결혼 여부를 물어보거나 내가 결혼을 했는지 말해주는 정도의 질문입니다. 중국어로 이렇게 말할 수 있습니다.

你结婚了吗？

Nǐ jié hūn le ma?

(니 지에 훈 러 마?)

당신은 결혼했습니까?

아직 미혼일 때

만약 아직 미혼이라면 질문 받은 사람은 "저는 아직 결혼하지 않았습니다." 라고 대답할 것입니다.

我还没结婚。

Wǒ hái méi jié hūn。

(워 하이 메이 지에 훈)

저는 아직 결혼하지 않았어요.

아직 결혼하지 않았다, 싱글이다라고 말할 때 싱글이라는 단어는 중국어로
"单身 딴 션"입니다.

我是单身。
Wǒ shì dān shēn。
(워 쓰 딴 션)
저는 싱글입니다.

丽丽，你结婚了吗?
Lì li, nǐ jié hūn le ma?
(리 리, 니 지에 훈 러 마?)
리리 씨, 결혼하셨습니까?

我是单身，你呢?
Wǒ shì dān shēn, nǐ ne?
(워 쓰 딴 션, 니 너?)
저는 싱글입니다. 당신은요?

我也一样。
Wǒ yě yí yàng。
(워 예 이 양)
저도 마찬가지입니다.

"一样 이 양"이라는 단어는 "마찬가지"라는 뜻입니다.

► **Dialogue**

만약 결혼했다면 이렇게 대답할 수 있습니다.

我结婚了。
Wǒ jié hūn le。
(워 지에 훈 러)
저는 결혼했습니다.

丽丽, 你结婚了吗?
Lì li, nǐ jié hūn le ma?
(리 리, 니 지에 훈 러 마?)
리리 씨, 결혼하셨나요?

我还没结婚, 你呢?
Wǒ hái méi jié hūn, nǐ ne?
(워 하이 메이 지에 훈, 니 너?)
저는 아직 결혼하지 않았어요. 당신은요?

我结婚了, 两个孩子了。
Wǒ jié hūn le, liǎng ge hái zi le。
(워 지에 훈 러, 량 거 하이즈 러)
저는 결혼했습니다. 자녀가 둘 있어요.

61

✍ 결혼했습니다. 하지만…

결혼한 적이 있지만 현재는 이혼한 상태를 설명할 때는 여러 가지로 표현할 수 있습니다. 상황에 따라 다음과 같은 문장들을 알맞게 사용해보세요.

我是离婚男。
Wǒ shì lí hūn nán.
(워 쓰 리 훈 난)
저는 이혼남입니다.

我是离婚女。
Wǒ shì lí hūn nǚ.
(워 쓰 리 훈 뉘)
저는 이혼녀입니다.

我是单亲妈妈。
Wǒ shì dān qīn mā ma.
(워 쓰 딴 친 마 마)
저는 싱글맘입니다.

▶ **Dialogue**

丽丽，你结婚了吗？

Lì li, nǐ jié hūn le ma?

(리 리, 니 지에 훈 러 마?)

리리 씨, 결혼하셨나요?

我还没结婚，你呢？

Wǒ hái méi jié hūn, nǐ ne?

(워 하이 메이 지에 훈, 니 너?)

저는 아직 결혼하지 않았어요. 당신은요?

我是离婚男，那张小姐呢？

Wǒ shì lí hūn nán, Nà Zhāng xiǎo jiě ne?

(워 쓰 리 훈 난, 나 짱 샤오 지에 너?)

저는 이혼남입니다. 그렇다면 짱 씨는요?

63

我是单亲妈妈，佩佩小姐呢?

Wǒ shì dān qīn mā ma, Pèi pei xiǎo jiě ne?

(워 쓰 딴 친 마 마, 페이 페이 샤오 지에 너?)

저는 싱글맘입니다. 페이페이 씨는요?

我是单身，杨小姐结婚了吗?

Wǒ shì dān shēn, Yáng xiǎo jiě jié hūn le ma?

(워 쓰 딴 션, 양 샤오 지에. 지에 훈 러 마?)

저는 싱글입니다. 양 씨는 결혼하셨나요?

我是离婚女。

Wǒ shì lí hūn nǚ.

(워 쓰 리 훈 뉘)

저는 이혼했습니다.

만나서 반갑습니다

▶ MP3 02-13

자신을 소개하고 난 뒤에 이어서 "만나서 반갑습니다."라고 말하는 것이 매너입니다.

很高兴认识你。
Hěn gāo xìng rèn shi nǐ。
(헌 까오 씽 런 슬 니)
만나서 반갑습니다.

상대방 역시 "반갑습니다."라고 말할 것입니다.

我也很高兴。
Wǒ yě hěn gāo xìng。
(워 예 헌 까오 씽)
저도 반갑습니다.

▶ Dialogue

很高兴认识你，李先生。

Hěn gāo xìng rèn shi nǐ,　Lǐ xiān sheng.
(헌 까오 씽 런 슬 니, 리 시엔 셩)
리 씨, 만나서 반갑습니다.

我也很高兴。

Wǒ yě hěn gāo xìng.
(워 예 헌 까오 씽)
저도 반갑습니다.

또는 앞서 배운대로 짧게 "마찬가지입니다."라고 말해도 됩니다.

▶ **Dialogue**

很高兴认识你，丽丽小姐。

Hěn gāo xìng rèn shi nǐ, Lì li xiǎo jiě.

(헌 까오 씽 런 슬 니, 리 리 샤오 지에)

만나서 반갑습니다. 리리 씨.

我也一样，佩佩小姐。

Wǒ yě yí yàng, Pèi pei xiǎo jiě.

(워 예 이양, 페이 페이 샤오 지에)

마찬가지입니다. 페이페이 씨.

중국어로 "…씨"에 해당하는 말은 여자의 경우 "小姐 샤오 지에"
이고, 남자의 경우 "先生 시엔 셩"입니다. 하지만 小姐는 공식적인
자리에서만 사용하고 요즘은 부정적인 어감이 있다고 하여 일상에
서는 사용하지 않습니다.

小姐
(xiǎo jiě)
여자

先生
(xiān sheng)
남자

Chapter
03

告別
작별 인사

14 작별 인사하기

앞에서는 서로 알게 되는 자리에서 자신을 소개하는 법을 배웠습니다. 이번에는 작별 인사를 하는 법을 배우도록 하겠습니다. 중국어의 작별 인사는 오랫동안 떨어지게 되는 상황이나 잠시 동안 못 보는 상황 등에 따라 다양하게 표현할 수 있습니다. 이 중에서 가장 흔히 쓰이는 작별 인사말 "再见 짜이 찌엔"부터 살펴보도록 합시다. 직역하면 "다시 만나다"라는 뜻이지만, 작별 인사할 때에는 "안녕"이라는 뜻으로 쓰이고 있습니다.

再见
Zài jiàn
(짜이 찌엔)
잘 가.

젊은이들 사이에서는 "바이바이"라는 영어 표현을 가져다 쓰는 경우가 많습니다.

拜拜
bài bai
(바이 바이)
바이바이.

▶ **Dialogue**

丹丹，再见！
Dān dān, zài jiàn!
(딴 딴, 짜이 찌엔!)
딴딴, 잘 가!

拜拜！
bài bai!
(바이 바이!)
바이바이!

15 또 보자

▶ MP3 03-15

작별 인사를 할 때 "그럼 또 보자."라고 말할 수 있겠지요. 중국어로는 이렇게 말합니다.

待会儿见。
Dāi huìr jiàn。
(따이 훨 찌엔!)
그럼 또 보자.

"待会儿 따이 훨"이라는 말은 "잠시 뒤" 또는 "조금 이따가"라는 뜻입니다. 하지만 만약 언제 다시 만날지 알고 있다면 함께 말해줄 수 있습니다. 시간을 먼저 말해주고 "见 찌엔"을 뒤에 붙여주면 됩니다.

📝 …에 만나자

…
시간

＋

见
jiàn
(찌엔)
만나다, 보다

72

明天见。

Míng tiān jiàn。
(밍 티엔 찌엔)
내일 보자.

中午见。

Zhōng wǔ jiàn。
(쭝 우 찌엔)
정각에 보자.

上午八点见。

Shàng wǔ bā diǎn jiàn。
(상 우 빠 띠엔 지엔)
아침 8시에 만나자.

晚上七点见。

Wǎn shang qī diǎn jiàn。
(완 샹 치 띠엔 찌엔)
저녁 7시에 만나자.

下午两点见。

Xià wǔ liǎng diǎn jiàn。
(씨아 우 량 띠엔 찌엔)
오후 2시에 만나자.

16 배웅해줄 때/ 배웅해주지 않을 때

🖎 배웅해줄 때

친구가 떠날 때 배웅해주겠다는 표현은 이렇게 말할 수 있습니다.

我去送你。
Wǒ qù sòng nǐ。
(워 취 쏭 니)
내가 널 배웅해줄게.

▶ Dialogue

再见。
Zài jiàn。
(짜이 지엔)
잘 가.

我去送你。
Wǒ qù sòng nǐ。
(워 취 쏭 니)
내가 배웅해줄게.

만일 배웅받는 입장에서 배웅을 거절을 하고 싶다면 이렇게 말하면 됩니다.

不用送。
Bú yòng sòng。
(부 용 쏭)
배웅해주지 않아도 돼.

▶ **Dialogue**

我去送你。
Wǒ qù sòng nǐ。
(워 취 쏭 니)
내가 배웅해줄게.

不用送，谢谢!
Bú yòng sòng, xiè xie!
(부 용 쏭, 쎄 쎄!)
배웅해주지 않아도 돼. 고마워!

혹은 좀 더 정중하게 표현하고 싶으면 이렇게 말할 수 있습니다.

请留步。
Qǐng liú bù。
(칭 리요우 부)
나오지 마십시오.

▶ Dialogue

我去送你。
Wǒ qù sòng nǐ。
(워 취 쏭 니)
내가 배웅해줄게요.

请留步。
Qǐng liú bù。
(칭 리요우 부)
나오지 마세요(괜찮아요).

📝 배웅해주지 않을 때

그러나 만약 배웅해주지 않거나 해줄 수 없는 경우에는 다음과 같이 말합니다.

慢走。
Màn zǒu。
(만 조우)
조심히 가.

▶ **Dialogue**

拜拜!
bài bai!
(바이 바이)
바이바이!

慢走。
Màn zǒu。
(만 조우)
조심히 가.

회화 예문을 통해 전체 표현을 배워봅시다.

▶ **Dialogue**

明天见。
Míng tiān jiàn。
(밍 티엔 찌엔)
내일 봐.

我去送你。
Wǒ qù sòng nǐ。
(워 취 쏭 니)
내가 배웅해줄게.

不用送。
Bú yòng sòng。
(부 용 쏭)
배웅해주지 않아도 돼.

慢走。
Màn zǒu。
(만 조우)
조심히 가.

17 조심해서 가세요

▶ MP3 03-17

어느 나라든지 간에 많은 사람들이 쓰는 표현이 한 가지 더 있습니다. 작별 인사를 할 때 상대방에게 조심히 가라고 하는 것이죠.

你保重。
Nǐ bǎo zhòng。
(니 바오 쫑)
몸조심하십시오.

▶ Dialogue

我走了。
Wǒ zǒu le。
(워 조우 러)
먼저 가볼게요.

你保重。
Nǐ bǎo zhòng。
(니 바오 쫑)
몸조심하십시오.

만약 우리가 정말 걱정하고 있단 걸 강조하고 싶다면 "매우, 아주"에 해당하는 단어 "多多 뚜어 뚜어"를 넣어주면 됩니다.

你多多保重。
Nǐ duō duō bǎo zhòng。
(니 뚜어 뚜어 바오 쫑)
(매우, 아주) 몸조심하십시오.

▶ **Dialogue**

拜拜!
bài bai!
(바이 바이)
바이바이

你多多保重。
Nǐ duō duō bǎo zhòng。
(니 뚜어 뚜어 바오 쫑)
(매우, 아주) 몸조심해!

谢谢!
Xiè xie!
(쎄 쎄!)
고마워!

18 **연락하고 지내자**

그냥 헤어지기는 아쉬우니 상대방에게 연락하고 지내자고 말해봅시다.
영어의 "Keep in touch"에 해당하는 말입니다.

保持联系。
Bǎo chí lián xì。
(바오 츨 리엔 씨)
연락하고 지내자.

▶ **Dialogue**

保持联系。
Bǎo chí lián xì。
(바오 츨 리엔 씨)
연락하고 지내자.

一定。
Yí dìng。
(이 띵)
당연하지.

예문처럼 상대방은 "당연하지"라는 뜻의 "一定 이 띵"이라고 대답하거나
"좋아, 그러자"라는 뜻의 "好的 하오 더"라고 말할 수도 있습니다.

19 즐거운 여행 되세요

마지막으로 이제 헤어지면서 떠나야 할 때는 "가는 길에 편안하길 바래요."
라고 말해야 합니다. 이는 "즐거운 여행 되세요."의 의미입니다. 이 말은 도
보여행이나 탈것을 이용한 여행, 모두에 쓸 수 있는 말입니다.

一路平安。
Yí lù píng ān。
(이 루 핑 안)
편히 가시길 바랍니다.

▶ **Dialogue**

丹丹, 一路平安。
Dān dān, yí lù píng ān。
(딴 딴, 이 루 핑 안)
딴딴, 편히 가시길 바랄게요.

力宏, 你也多多保重。
Lì hóng, nǐ yě duō duō bǎo zhòng。
(리 훙, 니 예 뚜어 뚜어 바오 쫑)
리훙, 너도 항상 몸조심하고.

好的。
Hǎo de。
(하오 더)
네, 그래요.

感谢
감사

20 고마워요

감사함을 표현하는 말도 다양합니다. 먼저 어디에서나 누구에게나 어떤 상황에서든 쓸 수 있는 표현부터 보도록 하겠습니다. 중국어로는 이렇게 말합니다.

谢谢！
Xiè xie!
(쎼 쎼!)
고마워요!

또한 감사한 대상이 누구인지 말해줄 수도 있습니다. 문장의 마지막에 누구에게 고마운지를 말하면 됩니다.

谢谢你！
Xiè xie nǐ!
(쎼 쎼 니!)
너에게 고마워!

谢谢大家！
Xiè xie dà jiā!
(쎼 쎼 따 지아!)
여러분 고맙습니다!

고마워요

만약 감사하다는 느낌을 강조하고 싶다면, "매우"라는 단어를 앞에 넣어줄
수 있습니다. 다음 두 가지 표현을 주로 씁니다.

很	非常
hěn	fēi cháng
(헌)	(페이 창)
매우	매우

很谢谢经理。
Hěn xiè xie jīng lǐ。
(헌 쎄쎄 찡 리)
매우 감사합니다, 매니저님.

我非常谢谢他。
Wǒ fēi cháng xiè xie tā。
(워 페이 창 쎄쎄 타)
나는 그에게 매우 감사해.

"무척 감사하다"는 뜻을 가진 "多谢 뚜어 쎼"를 쓸 수도 있습니다. 이 뒤에 우리가 감사한 사람을 넣어도 됩니다.

多谢你!
Duō xiè nǐ!
(뚜어 쎼 니!)
매우 고마워!

多谢老师!
Duō xiè lǎo shī!
(뚜어 쎼 라오 슬!)
선생님, 대단히 감사합니다!

21 감사드립니다

격식을 차린 감사 표현입니다. 말하는 사람이 내용에 대해 감동받았다는 것을 표현하는 말입니다. 우리말로는 "감사드립니다."라고 하지요. 중국어로는 이렇게 말합니다.

感谢!
Gǎn xiè!
(간 쎄!)
감사드립니다!

感谢老师!
Gǎn xiè lǎo shī!
(간 쎄 라오 슬!)
감사드립니다, 선생님!

感谢大家!
Gǎn xiè dà jiā!
(간 쎄 따 지아!)
여러분, 감사드립니다!

PART 04 감사

감사함을 더욱 강조해서 말하고 싶다면 "무척 감사드립니다"라고 말할 수 있습니다. 일반적인 감사의 표현 앞에 "대단히", "무척"과 같은 수식어를 넣어주면 표현에 더욱 무게를 실어주게 됩니다.

她很感谢捐款者。

Tā hěn gǎn xiè juān kuǎn zhě.
(타 헌 간 쎄 쮜엔 콴 즈어)
그녀는 기부자께 대단히 감사하고 있습니다.

我们非常感谢读者。

Wǒ men fēi cháng gǎn xiè dú zhě.
(워 먼 페이 창 간 쎄 뚜 즈어)
저희는 독자 여러분들께 대단히 감사드립니다.

22 **…에 감사드립니다**

누군가에게 어떤 이유 때문에 고맙다고 말하고 싶다면 뒤에 "당신의"라는 뜻의 "你的 니 더"를 붙이고 이어서 감사한 내용을 붙이면 됩니다.

🖋 당신의 …에 감사드립니다

谢谢你的
Xiè xie nǐ de
(쎼쎼 니 더)
당신의 …에 감사드립니다

+

…

감사의 내용

谢谢你的帮忙。
Xiè xie nǐ de bāng máng。
(쎼쎼 니 더 빵 망)
당신의 도움에 감사드립니다.

多谢你的意见。

Duō xiè nǐ de yì jiàn.

(뚜어 쎼 니 더 이 찌엔)

당신의 의견에 감사드립니다.

谢谢你的关心。

Xiè xie nǐ de guān xīn.

(쎼 쎼 니 더 꽌 신)

걱정해주셔서 감사합니다.

多谢你的冰淇淋。

Duō xiè nǐ de bīng qí lín.

(뚜어 쎼 니 더 삥 치 린)

아이스크림 감사합니다.

非常感谢您的支持!

Fēi cháng gǎn xiè nǐ de zhī chí!

(페이 창 간 쎼 니 더 즐 츨!)

당신의 지지에 무척 감사드립니다.

23 # 감사함에 대답하기

▶ MP3 04-23

📝 천만에요

보통 감사하다는 인사에 대답하는 "천만에요" 표현은 중국어로 여러 가지가
있습니다. 일반적으로 가장 쉬운 표현인 "고마워하지 않아도 돼요"라는 표
현을 씁니다. "천만에요"와 같은 말입니다.

不谢。
Bú xiè。
(부 쎼)
천만에요.

천만에요
(고마워하지 않아도 돼)

不用。
Bú yòng。
(부 용)
천만에요.

不用谢。
Bú yòng xiè。
(부 용 쎼)
천만에요.

PART 04 감사

► Dialogue

谢谢!
Xiè xie!
(쎄 쎄!)
고마워!

不谢。
Bú xiè。
(부 쎼)
천만에.

多谢!
Duō xiè!
(뚜어 쎼!)
고마워!

不谢。
Bú xiè。
(부 쎼)
천만에.

▶ **Dialogue**

很感谢大家。
Hěn gǎn xiè dà jiā。
(헌 간 쎄 따 지아)
모두 감사드립니다.

不用谢。
Bú yòng xiè。
(부 용 쎼)
천만에요.

📝 천만에요 (아무 것도 아니야)

감사 인사에 대한 또 다른 대답이 있습니다. 직역하면 "아무 것도 아니야"라는 표현이지만 "천만에요"라는 뜻으로 씁니다. 중국어로는 이렇게 말합니다.

아무것도 아니에요

没事儿。
Méi shìr。
(메이 셜)
아무것도 아니에요.

没什么。
Méi shén me。
(메이 션 머)
별것 아니에요.

▶ Dialogue

谢谢你的帮忙。
Xiè xie nǐ de bāng máng。
(쎼 쎼 니 더 빵 망)
나를 도와줘서 고마워.

没事儿。
Méi shìr。
(메이 셜)
별것 아니야.

94

📝 천만에요(부담 가질 필요 없어)

또 "부담 갖지 않아도 돼."라는 표현도 자주 쓰이죠. 중국인들은 이렇게 말합니다.

부담 갖지 않아도 돼요

不客气。
Bú kè qi。
(부 크어 치)
천만에(부담 갖지 않아도 돼요).

别客气。
Bié kè qi。
(비에 크어 치)
부담 가질 필요 없어요.

▶ **Dialogue**

谢谢你照顾我的妹妹。
Xiè xie nǐ zhào gù wǒ de mèi mei。
(쎼 쎼 니 자오 구 워 더 메이 메이)
내 여동생을 돌봐줘서 고마워.

别客气。
Bié kè qi。
(비에 크어 치)
부담 갖지 않아도 돼.

你的东西太多了，我帮你拿。

Nǐ de dōng xi tài duō le, wǒ bāng nǐ ná.

(니 더 똥 씨 타이 뚜어 러, 워 빵 니 나)

짐이 무척 많으시네요. 제가 들어드릴게요.

谢谢！

Xiè xie!

(쎄 쎄)

감사합니다!

不客气。

Bú kè qi.

(부 크어 치)

부담 갖지 않으셔도 돼요.

Chapter
05

不好意思
/对不起

사과

24 미안합니다

지금까지 감사를 표현하는 다양한 표현을 배워보았습니다. 이번에는 사과의 표현을 보도록 합시다. 사과의 표현도 무척 다양합니다. 예를 들어, 말을 끼어들어 실례한다는 뜻을 가진 사과의 표현이 있습니다. 다음과 같은 표현입니다.

不好意思。
Bù hǎo yì si。
(부 하오 이 쓰)
미안합니다.

말하는 중간에 끼어들 때 말을 끊어서 죄송하다는 표현으로 사용할 수 있습니다. 그리고 그 뒤에 필요한 용건을 말해줄 수 있습니다.

不好意思, 我要换钱。
Bù hǎo yì si, wǒ yào huàn qián。
(부 하오 이 쓰, 워 야오 환 치엔)
실례합니다. 환전하고 싶은데요.

不好意思，请在这儿签名。

Bù hǎo yì si, qǐng zài zhèr qiān míng.
(부 하오 이 쓰, 칭 짜이 쩔 치엔 밍)
실례합니다. 여기에 사인 좀 해주세요.

不好意思，
我们另约一个时间好吗?

Bú hǎo yì sī,
wǒ men lìng yuē yí gè shí jiān hǎo ma?
(부 하오 이 쓰, 워 먼 링 위에 이 거 슬 찌엔 하오 마?)
실례합니다. 시간 약속을 다시 잡을 수 있을까요?

하지만 누군가 길을 막고 있는 상황이라면 다음과 같은 표현을 사용해야 합니다. 길을 지나갈 수 있게 비켜달라는 표현입니다.

劳驾，让一让。

Láo jià, ràng yí ràng.
(라오 지아, 랑 이 랑)
실례지만 길 좀 비켜주세요.

25 죄송합니다 (잘못했을 때)

죄송합니다

무언가 잘못을 저질러서 사과를 해야 하는 상황에서는 다음과 같이 말합니다.

▶ MP3 05-25

죄송합니다

对不起。
Duì bu qǐ。
(뚜이 부 치)
죄송합니다.

抱歉。
Bào qiàn。
(바오 치엔)
죄송합니다.

对不起, 我来晚了。
Duì bu qǐ, wǒ lái wǎn le。
(뚜이 부 치, 워 라이 완 러)
죄송합니다. 제가 늦었네요.

对不起，让你久等了。

Duì bu qǐ, ràng nǐ jiǔ děng le.

(뚜이 부 치, 랑 니 지요우 덩 러)

오래 기다리게 해서 미안해.

抱歉，我真的忘了。

Bào qiàn, wǒ zhēn de wàng le.

(바오 치엔, 워 쩐 더 왕 러)

미안해요. 제가 정말 잊어버렸어요.

抱歉，我做错了。

Bào qiàn, wǒ zuò cuò le.

(바오 치엔, 워 쭈어 추어 러)

죄송해요. 제가 잘못했어요.

일부러 그런 게 아니에요

반성의 뜻을 나타내는 또 하나의 표현은 "일부러 그런 게 아니에요."입니다.
이 역시 사과하는 말로 쓰일 수 있습니다.

(▶) MP3 05-26

我不是故意的。
Wǒ bú shì gù yì de。
(워 부 쓰 구 이 더)
일부러 그런 게 아니에요.

对不起，我不是故意的。
Duì bu qǐ, Wǒ bú shì gù yì de。
(뚜이 부 치, 워 부 쓰 구 이 더)
미안해요, 의도한 건 아니었어요.

㉗ 사과를 받는 말

반대로 자신이 사과를 받는 입장이라면 "괜찮아요"라는 말로 대답하지요. 중국어에서 "괜찮아요"라는 표현은 다양하게 골라 쓸 수 있습니다.

没关系。
Méi guān xi。
(메이 관 씨)
괜찮아요.

没事儿。
Méi shìr。
(메이 셜)
괜찮아요.

▶ Dialogue

不好意思，把你叫醒得太早了。
Bù hǎo yì si,
bǎ nǐ jiào xǐng de tài zǎo le。
(부 하오 이 쓰, 바 니 찌아오 씽 더 타이 짜오 러)
미안해. 아침 일찍부터 널 깨워버렸네.

没关系。
Méi guān xi。
(메이 관 씨)
괜찮아.

▶ **Dialogue**

对不起，我的声音太大了。

Duì bu qǐ, wǒ de shēng yīn tài dà le。

(뚜이 부 치. 워 더 셩 인 타이 따 러)

죄송합니다. 제가 너무 시끄러웠네요.

没事儿。

Méi shìr。

(메이 셜)

괜찮습니다.

Chapter 06

请求/提供帮助

도움 요청 / 도움 주기

28 도와줄 수 있나요?

▶ MP3 06-28

긴박한 상황이나 곤란한 상황에 처했을 때 도움을 청해야 하면 중국어로는
이렇게 말합니다.

你能帮我一个忙吗?
Nǐ néng bāng wǒ yí ge máng ma?
(니 넝 빵 워 이 거 망 마?)
저 좀 도와줄 수 있나요?

상대방이 기꺼이 도와주고자 할 때는 이렇게 대답할 것입니다.

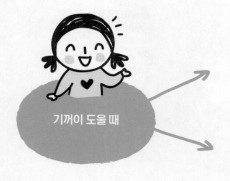

기꺼이 도울 때

好的。
Hǎo de。
(하오 더)
좋아요.

可以。
Kě yǐ。
(크어 이)
그럼요.

▶ **Dialogue**

你能帮我一个忙吗?

Nǐ néng bāng wǒ yí ge máng ma?
(니 넝 빵 워 이 거 망 마?)
실례합니다. 저 좀 도와주실 수 있나요?

可以，请说。

Kě yǐ, qǐng shuō。
(크어 이, 칭 슈어)
그럼요. 무슨 일이신가요?

29 이것 좀 도와주세요

어떤 도움이 필요한지 더 자세히 말하고 싶다면 다음과 같이 말할 수 있어요.

🖎 …하는 것 좀 도와주세요

请帮我
Qǐng bāng wǒ
(칭 빵 워)
…하는 것 좀 도와주세요.

＋

…
도움의 내용

▶ **Dialogue**

请帮我把门关上。
Qǐng bāng wǒ bǎ mén guān shang。
(칭 빵 워 빠 먼 꽌 상)
문 좀 닫아줘.

好的。
Hǎo de。
(하오 더)
좋아.

108

▶ Dialogue

请帮我打开空调。

Qǐng bāng wǒ dǎ kāi kōng tiáo。
(칭 빵 워 다 카이 콩 티아오)
에어컨 좀 켜줄래요?

好的。

Hǎo de。
(하오 더)
좋아요.

- -

▶ Dialogue

请帮我找这家饭店。

Qǐng bāng wǒ zhǎo zhè jiā fàn diàn。
(칭 빵 워 자오 쩌 지아 판 띠엔)
이 호텔 찾는 것 좀 도와줄래요?

可以。

Kě yǐ。
(크어 이)
그럼요.

30 도와줄까요?

반대로 만약 곤경에 처한 사람이나 도움의 손길이 필요한 사람을 봤다면, 다음과 같이 도와주겠다는 말을 할 수 있습니다.

要帮忙吗?
Yào bāng máng ma?
(야오 빵 망 마)
도움이 필요하니?

让我帮你吧。
Ràng wǒ bāng nǐ ba。
(랑 워 빵 니 바)
내가 널 도와줄게.

도와줄까요?

有什么可以帮你的吗?
Yǒu shén me kě yǐ bāng nǐ de ma?
(요우 션 머 크어 이 빵 니 더 마)
도와줄 일 있나요?

만약 그 사람이 우리의 도움이 필요하다면, 이렇게 대답할 것입니다.

好的，谢谢！

Hǎo de, xiè xie!

(하오 더, 쎄 쎼!)

좋아요. 감사합니다!

하지만 도움이 필요 없다면 그 사람은 거절과 동시에 감사하다는 말을 할 것입니다.

不用，谢谢！

Bú yòng, xiè xie!

(부 용, 쎄 쎼!)

괜찮아요. 감사합니다!

▶ Dialogue

要帮忙吗?
Yào bāng máng ma?
(야오 빵 망 마?)
도움이 필요하나요?

不用, 谢谢!
Bú yòng, xiè xie!
(부 용, 쎄 쎄!)
괜찮아요. 고마워요!

▶ **Dialogue**

有什么可以帮你的吗?

Yǒu shén me kě yǐ bāng nǐ de ma?

(요우 션 머 크어 이 빵 니 더 마?)

내가 도울 일이 있을까요?

谢谢!

Xiè xie!

(쎼 쎼!)

감사합니다!

- -

▶ **Dialogue**

让我帮你吧。

Ràng wǒ bāng nǐ ba。

(랑 워 빵 니 바)

제가 도와드리겠습니다.

不用，谢谢!

Bú yòng, xiè xie!

(부 용. 쎼 쎼!)

괜찮습니다. 감사합니다.

Chapter
07

讲电话

전화통화

31 여보세요

전화상의 대화는 얼굴이 보이는 의사소통 방식이 아니기 때문에 전화선 끝
에 누가 있는지 알 수 없습니다. 따라서 대화를 하기 위해서는 어떻게 이야
기를 시작해야 할까요? 전화를 받았을 때 이렇게 말해보세요.

喂!
Wéi!
(웨이!)
여보세요!

喂, 你好!
Wéi, nǐ hǎo!
(웨이, 니 하오!)
여보세요, 안녕하세요!

여보세요

▶ **Dialogue**

喂!
Wéi!
(웨이!)
여보세요!

喂，你好!
Wéi, nǐ hǎo!
(웨이, 니 하오!)
여보세요, 안녕하세요!

32 누구를 바꿔드릴까요?

▶ MP3 07-32

전화를 받은 사람은 이어서 누구와 통화하고 싶은지 물어보겠지요. 중국어로는 이렇게 말합니다.

请问你找哪位?

Qǐng wèn nǐ zhǎo nǎ wèi?
(칭 원 니 자오 나 웨이?)
어느 분을 찾으십니까?

▶ **Dialogue**

喂!
Wéi!
(웨이!)
여보세요!

喂，你好!
Wéi, nǐ hǎo!
(웨이, 니 하오!)
여보세요, 안녕하세요.

请问你找哪位?
Qǐng wèn nǐ zhǎo nǎ wèi?
(칭 원 니 자오 나 웨이?)
어느 분을 찾으십니까?

117

···와 통화하고 싶은데요

이번에는 전화 상대에게 내가 통화를 원하는 사람이 누구인지 말해봅시다.
"···와 통화하고 싶습니다."라는 문장은 다음과 같습니다. ▶ MP3 07-33

我找
Wǒ zhǎo
(워 자오)
저는 ···를 찾습니다

+

···
통화하고 싶은 사람

···
통화하고 싶은 사람

+

在吗?
zài ma?
(짜이 마?)
···있습니까?

118

▶ **Dialogue**

请问你找哪位?
Qǐng wèn nǐ zhǎo nǎ wèi?
(칭 원 니 자오 나 웨이?)
어느 분을 찾습니까?

我找成龙。
Wǒ zhǎo Chéng Lóng。
(워 자오 청 롱)
청룽과 통화하고 싶습니다.

请问你找哪位?
Qǐng wèn nǐ zhǎo nǎ wèi?
(칭 원 니 자오 나 웨이?)
어느 분을 찾으십니까?

丹丹在吗?
Dān dān zài ma?
(딴 딴 짜이 마?)
딴딴 있나요?

34 전화받았습니다

📖 전화받았습니다

전화를 받은 상대가 마침 본인일 경우, 이렇게 말할 수 있습니다.

我就是。
Wǒ jiù shì.
(워 지요우 쓰)
바로 접니다.

▶ **Dialogue**

请问你找哪位?
Qǐng wèn nǐ zhǎo nǎ wèi?
(칭 원 니 자오 나 웨이?)
어느 분을 찾습니까?

我找晓明。
Wǒ zhǎo Xiǎo míng.
(워 자오 샤오밍)
저는 샤오밍과 통화하고 싶어요.

我就是。
Wǒ jiù shì.
(워 지요우 쓰)
바로 접니다.

120

---

35 잠시 기다리세요

📝 잠시 기다리세요

만약 전화를 받아야 하는 상대가 본인이 아니라면, 상대방에게 잠시 기다리라고 말합니다.

请稍等。
Qǐng shāo děng。
(칭 샤오 덩)
잠시만 기다려주세요.

📝 누구신가요?

아니면 상대가 누구인지를 먼저 물어볼 수도 있습니다. 중국어로는 이렇게 말합니다.

你哪位?
Nǐ nǎ wèi?
(니 나 웨이?)
누구신가요?

121

大卫在吗?

Dà wèi zài ma?

(따 웨이 짜이 마)

따웨이 있나요?

在, 请稍等。

Zài, qǐng shāo děng.

(짜이, 칭 샤오 덩)

있어요. 잠시만요.

▶ **Dialogue**

晓明在吗?
Xiǎo míng zài ma?
(샤오 밍 짜이 마)
샤오밍 있나요?

你哪位?
Nǐ nǎ wèi?
(니 나 웨이)
누구신가요?

我是亦菲。
Wǒ shì Yì fēi。
(워 쓰 이 페이)
저는 이페이라고 합니다.

请稍等。
Qǐng shāo děng。
(칭 샤오 덩)
잠시만요.

36 그 사람이 없을 때

하지만 원하던 사람이 전화를 받을 수 없는 상황일 경우, 전화를 받고 있는
상대방이 상황에 따라 적절한 대답을 해줄 것입니다. 다음과 같이 말입니다.

他不在。
Tā bú zài。
(타 부 짜이)
그는 부재중입니다.

他在开会。
Tā zài kāi huì。
(타 짜이 카이 후이)
그는 회의 중입니다.

통화하려는 사람이 전화를 받
을 수 없을 때

他在接电话。
Tā zài jiē diàn huà。
(타 짜이 지에 띠엔 화)
그는 통화 중이에요.

▶ **Dialogue**

天乐在吗?
Tiān lè zài ma?
(티엔 러 짜이 마)
티엔러 있나요?

天乐不在。
Tiān lè bú zài。
(티엔 러 부 짜이)
티엔러는 부재중입니다.

▶ **Dialogue**

我找杨幂。
Wǒ zhǎo Yáng mì。
(워 자오 양 미)
양미와 통화하고 싶은데요.

她在开会。
Tā zài kāi huì。
(타 짜이 카이 후이)
그녀는 회의 중이에요.

▶ Dialogue

丽丽在吗?
Lì li zài ma?
(리 리 짜이 마)
리리 있나요?

丽丽在接电话。
Lì li zài jiē diàn huà.
(리 리 짜이 지에 띠엔 화)
리리는 통화 중이에요.

37 메시지 남기시겠어요?

MP3 07-37

통화하고 싶었던 상대가 부재중인 경우, 전화 받은 사람은 바꿔주는 대신에 짧은 메시지를 남기라고 할 것입니다. 원래 통화하려던 사람에게 전해주기 위해서지요.

要留言吗?

Yào liú yán ma?

(야오 리우 옌 마?)

메시지 남기시겠어요?

PART 07 전화통화

다시 전화해 달라거나 전화가 왔었다는 등의 짧은 메시지를 남기고 싶다면 다음과 같이 말할 수 있습니다.

메세지 남겨두기

请告诉他(她), 我打来过电话。

Qǐng gào sù tā (tā), wǒ dǎ lái guò diàn huà.

(칭 까오 수 타(타), 워 다 라이 구어 띠엔 화)

제가 전화했었다고 알려주세요.

请告诉他(她), 给我回电话。

Qǐng gào sù tā (tā), gěi wǒ huí diàn huà.

(칭 까오 수 타(타), 게이 워 후이 띠엔 화)

저에게 다시 전화해달라고 전해주세요.

▶ Dialogue

要留言吗?
Yào liú yán ma?
(야오 리요우 이엔 마?)
메시지 남기시겠습니까?

请告诉他，丹丹打来过电话。
Qǐng gào sù tā, Dān dān dǎ lái guò diàn huà.
(칭 까오 수 타, 딴 딴 다 라이 꾸어 띠엔 화)
딴딴이 전화했었다고 전해주세요.

- -

▶ Dialogue

要留言吗?
Yào liú yán ma?
(야오 리요우 이엔 마?)
메시지 남기시겠습니까?

请告诉他，我打来过电话，我是丽丽。
Qǐng gào sù tā, wǒ dǎ lái guò diàn huà, wǒ shì Lì li.
(칭 까오 수 타, 워 다 라이 꾸어 띠엔 화, 워 쓰 리 리)
제가 전화했었다고 말해주세요. 저는 리리라고 합니다.

▶ Dialogue

要留言吗?

Yào liú yán ma?
(야오 리요우 이옌 마?)
메시지 남기시겠습니까?

请告诉他, 给我回电话。

Qǐng gào sù tā, gěi wǒ huí diàn huà。
(칭 까오 수 타, 게이 워 후이 띠엔 화)
저에게 다시 전화해달라고 말해주세요.

회신할 번호 부탁하기

전화 받기를 원했던 상대가 전화를 받을 수 없는 상황이라면, 상대방은 우리에게 번호를 물어볼 것입니다. 나중에 전화번호를 찾느라 시간을 낭비할 필요가 없으니까요. 번호를 묻는 표현은 이렇게 말합니다.

请留下你的电话号码。

Qǐng liú xià nǐ de diàn huà hào mǎ.
(칭 리요우 씨아 니 더 띠엔 화 하오 마)
회신받을 번호 좀 부탁합니다.

전화를 받고 있는 사람에게 번호를 남기려 할 때는 다음 문장을 이용합니다.

제 번호는…

我的电话号码是。

Wǒ de diàn huà hào mǎ shì.
(워 더 띠엔 화 하오 마 쓰)
제 번호는…

 0818472294

전화번호

我的电话号码是 6254 6197。

Wǒ de diàn huà hào mǎ shì liù èr wǔ sì liù yāo jiǔ qī。
(워 더 띠엔 화 하오 마 쓰 리요우 얼 우 슬 리요우 야오 지요우 치)
제 전화번호는 6254 6197입니다.

我的电话号码是 130 4120 6329。

Wǒ de diàn huà hào mǎ shì yāo sān líng sì yāo èr líng liù sān èr jiǔ。
(워 더 띠엔 화 하오 마 슬 야오 산 링 쓰 야오 얼 링 리요우 산 얼 지요우)
제 전화번호는 130 4120 6329입니다.

중국어로 전화번호를 말하는 표현은 전혀 복잡할 게 없습니다. 앞에서 배웠던
나이 세는 방법과 똑같이 그냥 숫자를 나열하면 되는 방식입니다. 단, 숫자 1
一(yī)은 앞에서 "이"라고 읽었지만 전화번호로 말할 때는 "야오"(yāo)라고
바꾸어 읽습니다. 숫자 0은 예문처럼 "(líng)링"이라고 읽습니다.

나중에 다시 전화해주실래요?

통화를 원하는 사람이 없을 때는 다시 전화해달라고 부탁하는 것도 좋은 방법입니다. 왜냐하면 메시지를 잘못 전달하게 된다거나 종종 전하려는 내용이 너무 길 수도 있기 때문입니다.

▶ MP3 07-39

나중에 다시
전화해주실래요?

你可以稍后再打来吗?
Nǐ kě yǐ shāo hòu zài dǎ lái ma?
(니 크어 이 샤오 호우 짜이 다 라이 마?)
나중에 다시 전화해주실래요?

你稍后再打来吧。
Nǐ shāo hòu zài dǎ lái ba。
(니 샤오 호우 짜이 다 라이 바)
나중에 다시 전화해주세요.

▶ Dialogue

我想和丹丹讲话。

Wǒ xiǎng hé dān dān jiǎng huà.

(워 치앙 헌 딴 딴 지앙 바)

딴딴과 통화하고 싶은데요.

丹丹不在，你稍后再打来吧。

Dān dān bú zài, nǐ shāo hòu zài dǎ lái ba.

(딴 딴 부 짜이 니 샤오 호우 짜이 따 라이 바)

지금 딴딴은 없는데요. 나중에 다시 전화해주세요.

好的，谢谢。

Hǎo de, xiè xie.

(하오 더, 쎄 쎄)

알겠습니다. 감사합니다.

PART 07 전화통화

133

▶ Dialogue

我想和小明通话。
Wǒ xiǎng hé xiǎo míng tōng huà.
(워 씨앙 흐어 샤오 밍 텅 화)
샤오밍이랑 통화할 수 있나요?

小明不在。
Xiǎo míng bú zài.
(샤오 밍 부 짜이)
샤오밍 없는데요.

我可以留个口信吗?
Wǒ kě yǐ liú gè kǒu xìn ma?
(워 크어 이 리요우 거 코우 씬 마?)
메시지를 남겨도 될까요?

你可以稍后再打来吗?

Nǐ kě yǐ shāo hòu zài dǎ lái ma?

(니 크어 이 샤오 호우 짜이 다 라이 마?)

다시 전화해주시겠어요?

好的，谢谢。

Hǎo de, xiè xie。

(하오 더, 쎼 쎼)

알겠습니다. 감사합니다.

时间
날짜와 시간

40 몇 시입니까?

이번은 일상에서 자주 쓰이는 날짜와 시간을 묻는 표현을 알아봅시다. 우리는 "지금 몇 시야?"라고 하는 물음을 항상 듣곤 하지요. 혹은 우리가 그 질문을 할 수도 있습니다. 중국어로 "몇 시야?"라고 묻는 표현은 이렇게 말합니다.

几点了?
Jǐ diǎn le?
(지 띠엔 러?)
몇 시입니까?

"现在 씨엔 짜이"라는 단어는 지금이라는 뜻입니다. 문장 앞에 넣어서 말하면 "지금 몇 시야?"라는 뜻을 더 명확하게 표현할 수 있습니다.

现在几点了?
Xiàn zài jǐ diǎn le?
(씨엔 짜이 지 띠엔 러?)
지금 몇 시입니까?

중국어로 시간을 말하는 것은 한국어와 크게 다르지 않습니다. 하루를 24시간으로 나누어 먼저 몇 시인지 말하고 다음에 분을 말합니다. 중국어로 "시"와 "분"의 표현은 이렇게 씁니다.

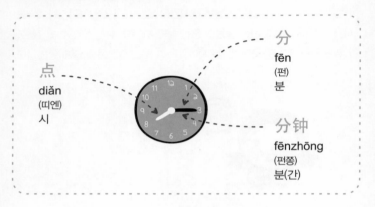

点
diǎn
(띠엔)
시

分
fēn
(펀)
분

分钟
fēnzhōng
(펀쫑)
분(간)

八点十五分
Bā diǎn shí wǔ fēn
(빠 띠엔 슬 우 펀)
8시 15분

十点五十分
Shí diǎn wǔ shí fēn
(슬 디엔 우 슬 펀)
10시 50분

또한, 시간을 말할 때 숫자만 쓰면 낮인지 밤인지 구분이 되지 않습니다.
이럴 때는 헷갈리지 않도록 문장 앞에 시간대를 먼저 말한 뒤에 시와 분을
나타냅니다.

해 뜰 무렵
(05:00 – 08:00)
早晨
zǎo chén
(짜오 첸)

아침
(08:00 – 12:00)
上午
shàng wǔ
(샹 우)

정오
(12:00)
中午
zhōng wǔ
(쫑 우)

오후
(13:00 – 17:00)
下午
xià wǔ
(씨아 우)

저녁
(18:00 – 19:00)
傍晚
bàng wǎn
(빵 완)

밤
(19:00 – 22:00)
晚上
wǎn shang
(완 샹)

한밤중
(22:00 – 02:00)
深夜
shēn yè
(션 예)

새벽
(02:00 –05:00)
凌晨
líng chén
(링 첸)

几点了?

Jǐ diǎn le?
(지 띠엔 러?)
몇 시입니까?

上午九点

Shàng wǔ jiǔ diǎn
(샹 우 지요우 띠엔)
아침 9시

上午八点

Shàng wǔ bā diǎn
(샹 우 빠 띠엔)
아침 8시

中午十二点

Zhōng wǔ shí èr diǎn
(쭝 우 슬 얼 띠엔)
정오 12시

傍晚六点三十分
Bàng wǎn liù dian sān shí fēn
(빵 완 리요우 띠엔 산 슬 펀)
저녁 6시 30분

晚上九点十分
Wǎn shang jiǔ diǎn shí wǔ fēn
(완 샹 지요우 띠엔 우 펀)
밤 9시 15분

深夜一点
Shēn yè yī diǎn
(션 예 이 띠엔)
한밤중 1시

上午八点
Shàng wǔ bā diǎn
(샹 우 빠 띠엔)
아침 8시

凌晨五点
Líng chén wǔ diǎn
(링 첸 우 띠엔)
새벽 5시

下午四点
Xià wǔ sì diǎn
(씨아 우 쓰 띠엔)
오후 4시

(▶ MP3 08-41)

41 오늘은 무슨 요일입니까?

몇 시인지 물어보는 표현 외에도 "오늘은 무슨 요일입니까?" 하는 질문 역시 많이 듣고 쓰게 되는 표현입니다. 먼저 요일을 물어보는 문장구조를 배워보겠습니다. 먼저 묻고자 하는 날을 말해준 뒤에 다음과 같은 표현을 붙여줍니다.

✎ …날은 무슨 요일입니까?

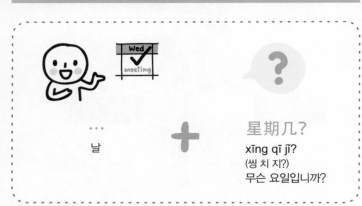

...
날

+

星期几?
xīng qī jǐ?
(씽 치 지?)
무슨 요일입니까?

今天星期几?
Jīn tiān xīng qī jǐ?
(찐 티엔 씽 치 지?)
오늘은 무슨 요일입니까?

오늘에 대해 물어보고 싶다면 예문처럼 오늘이라는 뜻의 "今天 찐 티엔"을 문장에 넣습니다. 다른 날을 물어보고 싶다면 "오늘" 대신에 다른 날을 넣으면 됩니다.

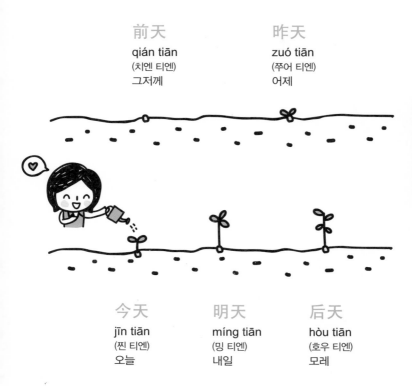

前天
qián tiān
(치엔 티엔)
그저께

昨天
zuó tiān
(쭈어 티엔)
어제

今天
jīn tiān
(찐 티엔)
오늘

明天
míng tiān
(밍 티엔)
내일

后天
hòu tiān
(호우 티엔)
모레

前天星期几?

Qián tiān xīng qī jǐ?
(치엔 티엔 씽 치 지?)
그저께는 무슨 요일이었습니까?

星期三。

Xīng qī sān。
(씽 치 산)
수요일이었습니다.

明天星期几?

Míng tiān xīng qī jǐ?
(밍 티엔 씽 치 지?)
내일은 무슨 요일입니까?

星期一。

Xīng qī yī。
(씽 치 이)
월요일입니다.

昨天星期几?

Zuó tiān xīng qī jǐ?
(쭈어 티엔 씽 치 지?)
어제는 무슨 요일이었습니까?

星期二。

Xīng qī èr。
(씽 치 얼)
화요일이었습니다.

중국어로 요일을 나타내는 말들은 다음과 같습니다.

星期一
xīng qī yī
(씽 치 이)
월요일

星期二
xīng qī èr
(씽 치 얼)
화요일

星期三
xīng qī sān
(씽 치 산)
수요일

星期四
xīng qī sì
(씽 치 쓰)
목요일

星期五
xīng qī wǔ
(씽 치 우)
금요일

星期六
xīng qī liù
(씽 치 리요우)
토요일

星期天
xīng qī tiān
(씽 치 티엔)
일요일

또는

星期日
xīng qī rì
(씽 치 르)

앞에서 "일요일"을 나타내는 단어가 두 개인 것을 보았을 것입니다.
일요일은 아무거나 골라서 쓰면 됩니다.

▶ **Dialogue**

后天星期几?
Hòu tiān xīng qī jǐ?
(호우 티엔 씽 치 지?)
모레는 무슨 요일입니까?

星期天。
xīng qī tiān。
(씽 치 티엔)
일요일입니다.

星期日。
xīng qī rì。
(씽 치 르)
일요일입니다.

► MP3 08-42

42 오늘은 며칠입니까?

중국어로 "며칠"을 물어보는 말은 앞에서 배웠던 "요일"을 물어보는 문장과 비슷합니다. 먼저 문장의 앞에 우리가 물어보려는 날들, 예를 들어 오늘, 내일, 모레, 어제, 그저께 등을 말해줍니다. 그리고 나서 다음과 같이 날짜를 물어보는 표현을 이어 말해주면 됩니다.

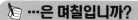

✏️ …은 며칠입니까?

…
날

几号?
jǐ hào?
(지 하오?)
며칠입니까?

今天几号?
Jīn tiān jǐ hào?
(찐 띠엔 지 하오?)
오늘은 며칠입니까?

147

오늘이 며칠인지 대답하기 위해서는 "几 지"라는 단어 대신에 숫자를 넣어
주면 됩니다.

▶ **Dialogue**

今天几号?
Jīn tiān jǐ hào?
(찐 티엔 지 하오?)
오늘은 며칠입니까?

今天三号。
Jīn tiān sān hào。
(찐 티엔 산 하오)
오늘은 3일입니다.

그리고 이 문장구조에 오늘, 내일, 모레, 어제, 그저께 등을 넣어서 다른 날들
을 물어보는 문장도 만들 수 있습니다.

▶ Dialogue

昨天几号?

Zuó tiān jǐ hào?
(쭈어 티엔 지 하오)
어제는 며칠이었습니까?

昨天十五号。

Zuó tiān shí wǔ hào.
(쭈어 티엔 슬 우 하오)
어제는 15일이었습니다.

明天几号?

Míng tiān jǐ hào?
(밍 티엔 지 하오?)
내일은 며칠입니까?

明天八号。

Míng tiān bā hào.
(밍 티엔 빠 하오)
내일은 8일입니다.

▶ Dialogue

前天几号?
Qián tiān jǐ hào?
(치엔 티엔 지 하오?)
그저께는 며칠이었습니까?

前天五号。
Qián tiān wǔ hào.
(치엔 티엔 우 하오)
그저께는 5일이었습니다.

- -

后天几号?
Hòu tiān jǐ hào?
(호우 티엔 지 하오?)
모레가 며칠입니까?

后天二十二号。
Hòu tiān èr shí èr hào.
(호우 티엔 얼 슬 얼 하오)
모레는 22일입니다.

150

约定 / 约会

약속

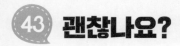

43 **괜찮나요?**

(▶) MP3 09-43

이번에는 약속을 잡을 때 쓰는 표현을 알아보겠습니다. 누군가에게 놀러 가자고 하기 전에 먼저 그 사람의 시간이 비어있는지 물어보는 것이 예의겠지요. 중국어로 누군가에게 특정 시간이 비어있는지, 또는 그 시간이 괜찮은지 물어보는 문장에는 세 가지 정도가 있습니다.

✎ …일(시간) 괜찮나요?

"괜찮다"라는 표현은 중국어로 "方便 팡 비엔"이라고 합니다. 누군가에게 시간이 괜찮겠냐는 질문은 다음과 같이 하면 됩니다.

약속일(시간)
+
초대하려는
사람
+
方便吗?
fāng biàn ma?
(팡 비엔 마?)
괜찮나요?

星期天你方便吗?
Xīng qī tiān nǐ fāng biàn ma?
(씽 치 티엔 니 팡 비엔 마?)
일요일 괜찮나요?

152

✎ …일(시간)에 시간 비어 있나요?

괜찮다는 표현 외에도 약속 시간에 관해서 쓸 수 있는 질문의 표현이 하나 더 있습니다. "시간이 비다"라는 뜻의 "有空 요우 콩"입니다. 바로 이렇게 문장을 만들어볼 수 있습니다.

약속일(시간) **+** 약속 잡을 사람 **+** 有空吗?
yǒu kòng ma?
(요우 콩 마?)
시간 비나요?

六月六号你有空吗?
Liù yuè liù hào nǐ yǒu kòng ma?
(리요우 위예 리요우 하오 니 요우 콩 마?)
6월 6일에 시간 비나요?

📝 ···일(시간)에 시간 비나요?

마지막으로 "시간 있나요?"라고 직접 물어볼 수도 있겠죠. "有时间 요우 슬 지엔"은 "시간 있나요?"라는 뜻으로, 앞에 나오는 "有空吗 요우 콩 마"와 바꿔쓸 수 있습니다.

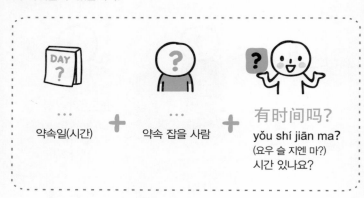

약속일(시간) ┼ 약속 잡을 사람 ┼ 有时间吗?
yǒu shí jiān ma?
(요우 슬 지엔 마?)
시간 있나요?

下午三点他有时间吗?
Xià wǔ sān diǎn tā yǒu shí jiān ma?
(씨아 우 싼 띠엔 타 요우 슬 지엔 마?)
오후 3시에 그 사람 시간이 있나요?

44 나는 너랑 …에 가고 싶어요

이어서 누군가에게 놀러 가자고 권하는 문장으로, 상대와 어디에 함께 가고 싶은지 말할 때 씁니다.
▶ MP3 09-44

📝 **나는 너랑 …에 가고 싶어요**

我想和你去
Wǒ xiǎng hé nǐ qù
(워 씨앙 흐어 니 취)
나는 너랑 …에 가고 싶어요.

+

…
가고 싶은 장소

我想和你去看电影。
Wǒ xiǎng hé nǐ qù kàn diàn yǐng.
(워 씨앙 흐어 니 취 칸 띠엔 잉)
나는 너랑 영화 보러 가고 싶어요.

我想和你去逛街。
Wǒ xiǎng hé nǐ qù guàng jiē.
(워 씨앙 흐어 니 취 꽝 지에)
나는 너랑 쇼핑하러 가고 싶어요.

155

45 같이 …에 갈래요?

(►) MP3 09-45

누군가에게 어디 가자고 권하는 말로, 함께 이것저것 하자고 말할 수도 있
습니다.

🖎 같이 …에 갈래요?

一起去
Yì qǐ qù
(이 치 취)
같이 …에 가다

+

……
권하려는 내용

+

吗?
ma?
(마)
…할래요?

一起去跑步吗?
Yì qǐ qù pǎo bù ma?
(이 치 취 파오 뿌 마?)
함께 달리러 가지 않을래요?

一起去散步吗?
Yì qǐ qù sàn bù ma?
(이 치 취 산 뿌 마?)
같이 산책하러 갈래요?

이번에는 누군가와 함께 할 수 있는 활동들을 살펴보겠습니다.

156

跑步
pǎo bù
(파오 뿌)
달리다

散步
sàn bù
(산 뿌)
산책

看电影
kàn diàn yǐng
(칸 띠엔 잉)
영화를 보다

逛街
guàng jiē
(꽝 지에)
쇼핑

吃饭
chī fàn
(츠 판)
밥 먹다

图书馆
tú shū guǎn
(투 슈 관)
도서관

看演唱会
kàn yǎn chàng huì
(칸 옌 창 후이)
콘서트를 보다

46 제안을 받아들일 때

제안을 받은 입장에서는 허락을 할지 거절을 할지에 따라 대답하는 방법이 달라집니다. 먼저 제안을 받아들이는 표현부터 살펴보도록 하겠습니다. 짧게 대답하는 말로는 다음 중에서 아무거나 골라서 쓰면 됩니다. 좀 더 확신을 주기 위해 두 개를 한꺼번에 써서 대답할 수도 있습니다.

오케이

可以。
Kě yǐ。
(크어이)
오케이/알았어.

好。
Hǎo。
(하오)
오케이/알았어.

不见不散。
Bú jiàn bú sàn。
(뿌 지엔 부 싼)
그럼 그때 꼭 보아요.

▶ **Dialogue**

明天你有空吗？我想和你去逛街。

Míng tiān nǐ yǒu kòng ma?

Wǒ xiǎng hé nǐ qù guàng jiē.

(밍 티엔 니 요우 콩 마? 워 씨앙 흐어 니 취 꽝 지에)

너 내일 시간 비니?

나 너랑 쇼핑하러 가고 싶어.

可以。

Kě yǐ.

(크어이)

알았어.

不见不散。

Bú jiàn bú sàn.

(뿌 찌엔 부 싼)

그럼 그때 꼭 보자.

MP3 09-47

47 제안을 거절할 때

제안을 거절할 때는, 제안한 상대의 마음이 상하지 않도록 예의상 "미안"이라는 말을 먼저 합니다. 미안하다고 말한 뒤에 "시간이 없어요."라는 등의 이유를 말하면 됩니다.

시간이 없어요

不好意思，我没空。
Bù hǎo yì si, wǒ méi kòng。
(부 하오 이 쓰, 워 메이 콩)
미안해요. 시간이 없어요.

不好意思，我没时间。
Bù hǎo yì si, wǒ méi shí jiān。
(부 하오 이 쓰, 워 메이 슬 지엔)
미안해요. 시간이 없어요.

▶ Dialogue

后天你方便吗? 一起去图书馆吗?

Hòu tiān nǐ fāng biàn ma?

yì qǐ qù tú shū guǎn ma?
(호우 티엔 니 팡 비엔 마? 이 치 취 투 슈 관 마?)
모레 괜찮나요?
함께 도서관에 가지 않을래요?

不好意思, 我没空。

Bù hǎo yì si, wǒ méi kōng.
(부 하오 이 쓰, 워 메이 콩)
죄송해요. 시간이 나지 않네요.

不好意思, 我没时间。

Bù hǎo yì si, wǒ méi shí jiān.
(부 하오 이 쓰, 워 메이 슬 지엔)
미안해요. 시간이 없네요.

📝 이미 약속이 있어요

만약에 시간이 없는 이유가 다른 약속이 있기 때문이라면 이렇게 표현합니다. 상대방 마음이 상하지 않도록 먼저 미안하다고 하는 것을 잊지 마세요.

不好意思，我已经有约了。
Bù hǎo yì si, wǒ yǐ jīng yǒu yuē le。
(부 하오 이 쓰, 워 이징 요우 위에 러)
미안해요. 나는 이미 약속이 있어요.

▶ Dialogue

今天有时间吗? 我想和你去吃饭。

Jīn tiān yǒu shí jiān ma?
wǒ xiǎng hé nǐ qù chi fan。
(찐 티엔 요우 슬 지엔 마? 워 씨앙 흐어 니 취 츨 판)
오늘 시간 있나요?
너와 밥 먹으러 가고 싶어요.

不好意思，我已经有约了。
Bù hǎo yì si, wǒ yǐ jīng yǒu yuē le。
(부 하오 이 쓰, 워 이징 요우 위에 러)
미안해요. 나는 이미 약속이 있어요.

그럼 다른 날(시간)은 어때요?

만약 우리가 시간이 없거나 선약이 있더라도 상대방과 함께 하고 싶은 마음
이 있다면 다른 날짜나 시간으로 조율해볼 수 있습니다. ▶ MP3 09-48

📝 **그럼 다른 날(시간)은 어때요?**

날(시간)

+

怎么样?
zěn me yàng?
(쩐 머 양?)
…은 어때요?

明天怎么样?
Míng tiān zěn me yàng?
(밍 티엔 쩐 머 양?)
내일은 어때?

下星期怎么样?
Xià xīng qī zěn me yàng?
(씨아 씽 치 쩐 머 양?)
다음 주는 어때?

Chapter
10

购物

쇼핑

49 편하게 둘러보세요

이번 챕터에서는 쇼핑하러 가서 쓰는 말에 대해 배워보겠습니다. 쇼핑하러 들어가면 직원이 손님들에게 "편하게 둘러보세요." "골라보세요."라고 인사하는 것을 듣게 됩니다. 직원들이 우리를 맞이하는 말은 다음과 같습니다.

请随便看看。
Qǐng suí biàn kàn kan。
(칭 쑤이 비엔 칸 칸)
편하게 둘러보세요.

▶ Dialogue

您好! 请随便看看。
Nín hǎo! Qǐng suí biàn kàn kan。
(닌 하오! 칭 쑤이 비엔 칸 칸)
안녕하세요. 편하게 둘러보세요.

好。
Hǎo。
(하오)
네.

50 입어(먹어)봐도 될까요?

옷이나 가방, 신발 등의 상품은 옷걸이나 마네킹에서는 예뻐 보이지만 아무래도 직접 입어보는 것이 가장 좋아요. 대부분의 가게에서 상품을 입어볼 수 있지만, 일부 가게에서는 직원에게 먼저 물어봐야 합니다. **▶ MP3 10-50**

我可以试一试吗?

Wǒ kě yǐ shì yi shì ma?

(워 크어 이 슬 이 슬 마?)

한 번 입어봐도 될까요?

▶ **Dialogue**

请随便看看。

Qǐng suí biàn kàn kan.

(칭 쑤이 비엔 칸 칸)

편하게 둘러보세요.

我可以试一试吗?

Wǒ kě yǐ shì yi shì ma?

(워 크어 이 슬 이 슬 마?)

한번 입어봐도 될까요?

可以。

Kě yǐ.

(크어 이)

그러세요.

📝 먹어봐도 될까요?

음식을 먹을 때도 마찬가지입니다. 어떤 가게에서는 시식할 수 있지만 어떤 가게에서는 못합니다. 그렇다면 우선 시식해볼 수 있는지 종업원에게 물어보세요. 만약 시식이 가능하다고 하면 입맛에 맞는지 먼저 먹어보고 살 수 있으므로 실망하게 될 일이 없겠지요.

我可以尝一尝吗?
Wǒ kě yǐ cháng yi cháng ma?
(워 크어 이 창 이 창 마?)
제가 먹어봐도 될까요?

▶ **Dialogue**

我可以尝一尝吗?
Wǒ kě yǐ cháng yi cháng ma?
(워 크어 이 창 이 창 마?)
제가 먹어봐도 될까요?

当然。
Dāng rán。
(땅 란)
물론이죠.

51 맞지 않아요

만약 옷을 입어보았는데 사이즈가 맞지 않는다면 직원에게 어떤 점이 문제
인지 말해보세요. 그러면 직원이 다시 맞는 것으로 찾아 줄 거예요.

📝 너무 …하네요

太 **+** … **+** 了。
Tài   사이즈   le
(타이)   (러)

📝 너무 크네요

이 말은 "너무…하다"라는 뜻입니다. "크다"라는 뜻의 "大 따"를 太와 了 사이에 넣으면 "너무 크다"라는 말이 됩니다.

太大了。
Tài dà le。
(타이 따 러)
너무 크네요.

📝 너무 작네요

또는 "너무 작아요" "너무 꽉 끼어요"라고 말하고 싶다면 작다의 뜻을 가진 "小 씨아오"를 써서 문장을 만들 수 있습니다.

太小了。
Tài xiǎo le。
(타이 샤오 러)
너무 작아요.

52 # 큰 사이즈 주세요 /
작은 사이즈 주세요

입어보니 너무 작거나 클 경우에는 직원에게 다른 사이즈를 요구할 수 있습니다.

📝 …사이즈 있나요?

有没有

Yǒu méi yǒu

(요우 메이 요우?)

… 있나요?

+

…

사이즈

+

一点的?

yì diǎn de?

(이 띠엔 더?)

조금 더

앞에서 중국어의 "작다"와 "크다"라는 단어를 배웠으니 이번에는 이 단어들을 써서 우리가 원하는 사이즈를 말하는 법을 알아보겠습니다.

▶ Dialogue

有没有大一点的?

Yǒu méi yǒu dà yì diǎn de?
(요우 메이 요우 따 이 띠엔 더?)
좀 더 큰 사이즈 있나요?

有没有小一点的?

Yǒu méi yǒu xiǎo yì diǎn de?
(요우 메이 요우 샤오 이 띠엔 더?)
좀 더 작은 사이즈 있나요?

53 다른 색깔 있나요?

스타일과 사이즈가 마음에 들었는데 상품 색깔이 마음에 들지 않는 경우에
는 다른 색깔이 있는지 물어봐야겠지요. 직원에게 이렇게 말하면 됩니다.

还有别的颜色吗?
Hái yǒu bié de yán sè ma?
(하이 요우 비에 더 옌 써 마?)
다른 색깔 있나요?

원하는 색깔을 찾아달라고 할 때는 다음 문장구조를 사용합니다.

📝 …색을 원해요

我要		…		色的。
Wǒ yào	+	색깔 이름	+	sè de。
(워 야오)				(써 더)
저는 …을 원해요				~색

我要白色的。

Wǒ yào bái sè de。
(워 야오 바이 써 더)
저는 하얀색을 원해요.

我要粉红色的。

Wǒ yào fěn hóng sè de。
(워 야오 펀 훙 써 더)
저는 분홍색을 원해요.

我要大一点的，红色的。

Wǒ yào dà yì diǎn de, hóng sè de。
(워 야오 따 이 띠엔 더, 훙 써 더)
저는 조금 큰 사이즈의 빨간색을 원해요.

	浅色 qiǎn sè (치엔 써) 옅은 색	深色 shēn sè (션 써) 짙은 색
红色 hóng sè (홍 써) 빨간색	绿色 lǜ sè (뤼 써) 초록색	黄色 huáng sè (황 써) 노란색
白色 bái sè (바이 써) 하얀색	蓝色 lán sè (란 써) 파란색	橙色 chéng sè (청 써) 주황색
深蓝色 shēn lán sè (션 란 써) ·남색	粉红色 fěn hóng sè (펀 홍 써) 분홍색	

▶ MP3 10-54

이리저리 살펴보고 입어보았는데도 아직 마음에 들지 않을 때, 우리는 우선 이렇게 말하겠지요. "일단 먼저 볼게요."

我先看看。

Wǒ xiān kàn kan。

(워 씨엔 칸 칸)

일단 먼저 볼게요.

그러면 직원이 "请随便 칭 쑤이 비엔"이라고 대답할 것입니다. 이 말의 뜻은 "마음껏 보세요."입니다.

▶ **Dialogue**

我先看看。

Wǒ xiān kàn kan。

(워 씨엔 칸 칸)

일단 먼저 살펴볼게요.

请随便。

Qǐng suí biàn。

(칭 쑤이 비엔)

마음껏 보세요.

55 얼마에요?

만약 정말 마음에 들어서 사려고 마음 먹었다면 직원에게 가격을 물어봅시다.

多少钱?

Duō shǎo qián?
(뚜어 샤오 치엔?)
얼마에요?

그러면 직원은 우리에게 가격을 알려줄 것입니다.

▶ **Dialogue**

多少钱?

Duō shǎo qián?
(뚜어 샤오 치엔?)
얼마에요?

五块。

Wǔ kuài。
(우 콰이)
5위안입니다.

PART 10 쇼핑

177

56 좀 깎아주실 수 있나요?

중국에서 물건을 사고파는 문화는 우리나라와 비슷합니다. 어떤 가게에서는 가격을 깎아달라는 흥정을 할 수도 있고 어떤 가게에서는 그렇게 하지 못하지요.

▶ MP3 10-56

可以便宜点吗?

Kě yǐ pián yi diǎn ma?
(크어 이 피엔 이 디엔 마?)
좀 깎아주실 수 있나요?

직원에게 가격을 깎아달라고 한 뒤에 직원이 얼마나 깎는지 듣거나 또는 우리가 원하는 금액을 말할 수 있습니다. 이렇게 말입니다.

七十块可以吗?

Qī shí kuài kě yǐ ma?
(치 슬 콰이 크어 이 마?)
70위안에 해주실 수 있나요?

▶ **Dialogue**

可以便宜点吗?

Kě yǐ pián yi diǎn ma?
(크어 이 피엔 이 띠엔 마?)
좀 깎아주실 수 있나요?

不行。

Bù xíng。
(부 씽)
안돼요.

▶ **Dialogue**

300

三百块可以吗?
Sān bǎi kuài kě yǐ ma?
(싼 바이 콰이 크어 이 마?)
300위안 되나요?

Ok

可以。
Kě yǐ。
(크어 이)
됩니다.

세일 표시

우리나라에서는 세일 광고에 쓰여 있는 숫자가 큰 걸 보면 아마 이렇게 대폭 할인한다고 생각할 것입니다. 예를 들어 70%라면 정상 가격에서 70%를 깎아준다는 뜻이 되겠지요. 하지만 중국은 우리와 세일 개념이 반대입니다. 광고에 쓰여있는 숫자는 얼마나 할인하는지를 나타내는 게 아니라, 할인 후 얼마가 남는지를 알려줍니다. 뿐만 아니라, 특히 10의 자리를 떼고 한 자릿수만 써놓고 "折 즈어"라는 말을 뒤에 붙기도 합니다. 역시 그만큼의 퍼센트가 남는다는 뜻입니다.

打九折

Dǎ jiǔ zhé
(다 지요우 즈어)
90%의 가격으로 판매
(기존 가격에서 10% 할인이라는 뜻)

예시에 있는 숫자 9는 90%을 뜻합니다. 역시 할인 후 정상 가격으로부터 90%만 남게 된다는 뜻입니다. 하지만 쓰는 숫자는 한자리로 표기합니다.

중국에서 세일 표시를 봤는데 큰 숫자가 적혀있다면, 더 적게 할인해준다는 뜻입니다. 그리고 반드시 기억해두어야 할 것은 세일 표시에 % 기호가 없습니다. 예를 들어 9折라는 뜻은 가격에서 90%만 남긴다는 뜻입니다. 예를 들어봅시다.

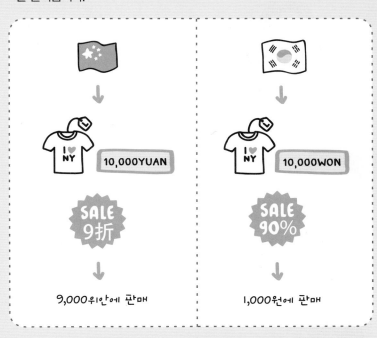

58 덤 있나요?

▶ MP3 10-58

가격을 깎아달라고 하는 것 외에도 증정품 등이 있는지 물어볼 때는 중국어로 이렇게 말합니다.

有赠品送吗?
Yǒu zèng pǐn sòng ma?
(요우 쩡 핀 송 마?)
증정품 있나요?

▶ **Dialogue**

五千块。
Wǔ qiān kuài.
(우 치엔 콰이)
5,000위안입니다.

有赠品送吗?
Yǒu zèng pǐn sòng ma?
(요우 쩡 핀 송 마?)
증정품 있나요?

下次买可以打九折。
Xià cì mǎi kě yǐ dǎ jiǔ zhé.
(씨아 츠 마이 크어 이 다 지요우 즈어)
다음 번에 사실 때 10% 할인해드릴게요.

184

59 이걸로 할게요

필요한 스타일, 색, 사이즈를 고르고 가격까지 마음에 든 데다 때론 증정품까지 얻었다면, 이제 사야겠지요. 직원에게 결정했다는 표시를 해봅시다.

我要这个。
Wǒ yào zhè ge。
(워 야오 쩌 거)
이걸로 할게요.

중국어에서 쓰는 여러 가지 사물의 단위는 한국어와 다른 게 많습니다. 하지만 사물의 특징이 뚜렷하게 드러나지 않을 때는 "个 거"를 쓸 수 있습니다. 어디에나 쓸 수 있는 표현입니다.

60 카드로 결제해도 되나요?

현금이 없어서 카드로 결제하고 싶을 때 직원에게 카드를 받는지 물어봐야 합니다. 중국어로 물어보는 방법은 두 가지입니다. 둘 중에 선택해서 쓰면 됩니다.

▶ MP3 10-60

카드로
결제해도 되나요?

可以刷卡吗?
Kě yǐ shuā kǎ ma?
(크어 이 슈와 카 마?)
카드로 결제해도 될까요?

可以用信用卡吗?
Kě yǐ yòng xìn yòng kǎ ma?
(크어 이 용 씬 용 카 마?)
신용카드 사용해도 되나요?

► **Dialogue**

2,000

两千块。
Liǎng qiān kuài。
(량 치엔 콰이)
2,000위안입니다.

我要这个。可以刷卡吗?
Wǒ yào zhè ge。 Kě yǐ shuā kǎ ma?
(워 야오 쩌 거. 크어 이 슈와 카 마?)
이걸로 할게요. 카드로 결제해도 되나요?

可以。
Kě yǐ。
(크어 이)
가능합니다.

만약 가게에서 카드로 결제가 가능하다고 하면 예문에서처럼 "可以 크어
이" 라고 대답할 것이지만, 카드를 받지 않는다면 이렇게 대답할 것입니다.

我们只收现金。
Wǒ men zhǐ shōu xiàn jīn。
(워 먼 즈 쇼우 씨엔 진)
저희는 현금으로 받습니다.

▶ **Dialogue**

可以用信用卡吗?
Kě yǐ yòng xìn yòng kǎ ma?
(크어 이 용 씬 용 카 마?)
신용카드를 사용해도 될까요?

不好意思，我们只收现金。
Bù hǎo yì si, wǒ men zhǐ shōu xiàn jīn。
(부 하오 이 쓰, 워 먼 즈 쇼우 씨엔 진)
죄송합니다. 저희는 현금으로 받습니다.

61 # 포장해주세요 /
선물 포장해주세요

▶ MP3 10-61

📝 포장해주세요

들고 가기 위해 포장해야 하는 상품이 있다면 직원에게 부탁할 수 있습니다.

请帮我包装一下。

Qǐng bāng wǒ bāo zhuāng yí xià。
(칭 빵 워 빠오 쫭 이 씨아)
포장해주세요.

我要这个，请帮我包装一下。

Wǒ yào zhè ge, qǐng bāng wǒ bāo zhuāng yí xià。
(워 야오 쩌 거, 칭 빵 워 빠오 쫭 이 씨아)
이걸로 할게요. 포장해주세요.

📝 선물 포장으로 해주세요

또는 만약 다른 사람에게 선물로 주기 위해 그 상품을 산 경우, 계산할 때 선물 포장해 달라고 하면 됩니다. 이렇게 말입니다.

请把这个礼物包装一下。
Qǐng bǎ zhè ge lǐ wù bāo zhuāng yí xià。
(칭 바 쩌 거 리 우 빠오 쫭 이 씨아)
선물용 포장해주세요.

▶ **Dialogue**

多少钱?
Duō shǎo qián?
(뚜어 샤오 치엔)
얼마입니까?

一千块。
Yì qiān kuài。
(이 치엔 콰이)
1,000위안입니다.

请把这个礼物包装一下。
Qǐng bǎ zhè ge lǐ wù bāo zhuāng yí xià。
(칭 바 쩌 거 이 리우 빠오 쫭 이 씨아)
선물용으로 포장해주세요.

62 봉투가 필요하세요?

물건을 많이 사서 들고 갈 수 없다면 직원이 우리에게 봉투가 필요한지 먼저 물어볼 것입니다. 봉투를 무료로 주는 경우도 있지만, 사야 하는 경우도 있답니다. 그리고 봉투가 필요하다고 어떻게 말하면 좋을지도 같이 배워봅시다.

봉투가 필요하세요?

要塑料袋吗?
Yào sù liào dài ma?
(야오 수 랴오 따이 마?)
비닐봉투 필요하신가요?

要袋子吗?
Yào dài zi ma?
(야오 따이 즈 마?)
봉투 필요하신가요?

📝 필요할 때

만약 봉투가 필요하다면 짧게 이렇게 대답할 수 있습니다.

要
Yào
(야오)
필요해요.

▶ Dialogue

要塑料袋吗?
Yào sù liào dài ma?
(야오 수 랴오 따이 마?)
봉투 필요하신가요?

要。
Yào。
(야오)
필요해요.

五毛钱。
Wǔ máo qián。
(우 마오 치엔)
5마오입니다.

📝 필요 없을 때

그러나 봉투가 필요 없거나 직접 가져 온 봉투가 있다면 직원에게 이렇게
대답할 수 있습니다.

不要。
Bú yào。
(부 야오)
필요 없어요.

▶ **Dialogue**

要袋子吗?
Yào dài zi ma?
(야오 따이 즈 마)
봉투 필요하신가요?

不要。
Bú yào。
(부 야오)
아니오.

餐厅用语

식당에서

63 자리를 예약하려고 합니다

이번에는 식당에서 쓰이는 표현들을 알아보겠습니다. 사람들이 많아 줄 서느라 시간 낭비하지 않기 위해서는 전화로 예약해두는 게 좋겠지요. 중국어로 식당을 예약하는 문장은 이렇습니다.

▶ MP3 11-63

我要定位子。
Wǒ yào dìng wèi zi。
(워 야오 띵 웨이 즈)
자리를 예약하려고 합니다.

▶ **Dialogue**

喂, 你好!
Wéi, nǐ hǎo!
(웨이, 니 하오!)
여보세요. 안녕하세요.

你好, 我要定位子。
Nǐ hǎo, wǒ yào dìng wèi zi。
(니 하오, 워 야오 띵 웨이 즈)
안녕하세요. 자리를 예약하려고 하는데요.

好的。
Hǎo de。
(하오 더)
네 알겠습니다.

195

64 몇 시에 오십니까? / 몇 분이 오십니까?

몇 시에 오십니까?

식당에서는 우리를 위한 자리를 맡아두기 위해 몇 시에 올 것인지 물어볼 것입니다. 중국어로는 이렇게 말합니다.

什么时候的?

Shén me shí hou de?
(션 머 슬 호우 더?)
몇 시에 오십니까?

우리도 역시 마찬가지로 원하는 시간을 말하면 됩니다. 우리는 앞서 시간을 묻고 말하는 표현을 배웠습니다. 식당을 예약할 때 앞에서 배운 내용들을 가져와서 적용해봅시다.

▶ **Dialogue**

我要定位子。

Wǒ yào dìng wèi zi。
(워 야오 띵 웨이 즈)
자리를 예약하고 싶은데요.

好啊, 什么时候的?

Hǎo a, shén me shí hou de?
(하오 마, 션 머 슬 호우 더?)
알겠습니다. 몇 시에 오시나요?

晚上七点。

Wǎn shang qī diǎn。
(완 상 치 띠엔)
저녁 7시입니다.

📝 몇 분이 오십니까?

전화로 식당을 예약할 때나 식당에 들어갈 때 종업원은 몇 명의 사람들이 올 것인지 이렇게 물어볼 것입니다.

几位?
Jǐ wèi?
(지 웨이?)
몇 분이세요?

혹은 좀 더 공손한 표현으로는 이렇게 말할 수도 있습니다.

请问您几位?
Qǐng wèn nín jǐ wèi?
(칭 원 닌 지 웨이?)
몇 분이신지 여쭤봐도 될까요?

▶ **Dialogue**

我要定位子。

Wǒ yào dìng wèi zi。

(워 야오 띵 웨이 즈)

자리 좀 예약하려고 합니다.

好的，几位?

Hǎo de, jǐ wèi?

(하오 더, 지 웨이?)

알겠습니다. 몇 분이신가요?

三位。

Sān wèi。

(산 웨이)

3명입니다.

종업원에게 대답하려면 몇 명이 이용할 것인지 먼저 숫자를 말해준 뒤에 "位 웨이"를 뒤에 붙여줍니다. 예문에서처럼 자리나 사람 수를 세는 단위입니다. 일반적으로 자리를 셀 때는 숫자 "二"을 쓰지 않고 똑같이 둘이라는 뜻을 가진 "两 량"을 예외적으로 씁니다.

흡연구역/금연구역

중국의 식당은 보통 흡연자와 비흡연자에 따라 구역을 나누어 서비스를 제공합니다. 이렇게 말입니다.

吸烟区
xī yān qū
(씨 옌 취)
흡연구역

非吸烟区
fēi xī yān qū
(페이 씨 옌 취)
금연구역

우리가 원하는 구역을 문장 뒤에 붙여 말해주면 됩니다.

我要定位子。三位。吸烟区。

Wǒ yào dìng wèi zi。 sān wèi。 xī yān qū。
(워 야오 띵 웨이 즈. 싼 웨이. 씨 옌 취)
자리 좀 예약하겠습니다. 흡연구역으로 세 명 부탁드립니다.

또한 사전 예약 없이 식당에 가도 원하는 구역이 있다면 다음과 같이 말하면 됩니다.

两位。非吸烟区。

Liǎng wèi。 fēi xī yān qū。
(량 웨이. 페이 씨 옌 취)
두 명이요. 금연구역으로 부탁드립니다.

66 메뉴 좀 주세요

▶ MP3 11-66

원하는 자리에 앉았는데 아직 메뉴판을 받지 못했다면 종업원에게 달라고 부탁할 수 있습니다. 다음 문장은 누군가에게 무엇을 달라고 요구할 때나 메뉴를 달라고 할 때 모두 사용할 수 있습니다.

✍ ···좀 주세요

请给我
Qǐng gěi wǒ
(칭 게이 워)
···좀 주세요

＋

···
메뉴

📝 각종 메뉴

어떤 식당에서는 다양한 종류의 메뉴판이 갖춰져 있습니다. 원하는 메뉴판이 있다면 그걸로 부탁해봅시다.

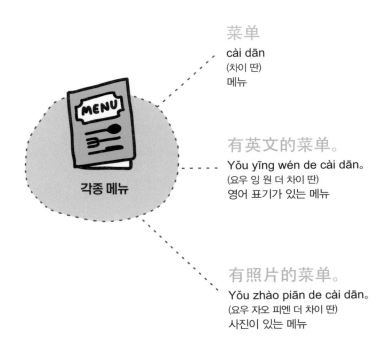

菜单
cài dān
(차이 딴)
메뉴

有英文的菜单。
Yǒu yīng wén de cài dān.
(요우 잉 원 더 차이 딴)
영어 표기가 있는 메뉴

각종 메뉴

有照片的菜单。
Yǒu zhào piān de cài dān.
(요우 자오 피엔 더 차이 딴)
사진이 있는 메뉴

请给我菜单。

Qǐng gěi wǒ cài dān.

(칭 게이 워 차이 딴)

메뉴 좀 주세요.

请给我有英文的菜单。

Qǐng gěi wǒ yǒu yīng wén de cài dān.

(칭 게이 워 요우 잉 원 더 차이 딴)

영어가 써 있는 메뉴로 주세요.

请给我有照片的菜单。

Qǐng gěi wǒ yǒu zhào piān de cài dān.

(칭 게이 워 요우 자오 피엔 더 차이 딴)

사진 있는 메뉴로 주세요.

67 음식 주문

📝 무엇으로 하시겠습니까?

우리가 메뉴를 충분히 보고 나면 종업원이 주문을 받기 위해 올 것입니다.
어떤 메뉴를 주문할 것인지 물어보는 표현은 이렇습니다.

您要点什么?

Nín yào diǎn shén me?
(닌 야오 띠엔 션 머)
무엇을 주문하시겠습니까?

📝 음식 주문할게요

아니면 어떤 음식을 주문할지 마음의 결정을 내렸다면 이렇게 종업원을 불
러 주문할 수 있습니다.

我要点菜。

Wǒ yào diǎn cài。
(워 야오 띠엔 차이)
음식 주문할게요.

📝 저는 …을 주문하겠습니다

이제 우리가 원하는 음식을 주문해보겠습니다. "나는 …을 원한다"라는 뜻의 "我要 워 야오"로 문장을 시작한 뒤에 음식 이름을 말해주면 됩니다.

📝 저는 …를 원합니다

我要
Wǒ yào
(워 야오)
저는 원합니다

+

…
음식 이름

🖊 이것 주세요 / 저것 주세요

음식을 더 쉽게 주문하는 방법으로는 음식 종류나 사진을 손가락으로 가리키는 것입니다. 또는 옆 테이블에서 시킨 음식을 종업원에게 가리키며 "이것 주세요", "저것 주세요"라고 하는 것입니다. 중국어로는 이렇게 말할 수 있습니다.

(我) 要这个。
(Wǒ) yào zhè ge。
(워 야오 쩌 거)
(저는) 이것 주세요.

(我) 要那个。
(Wǒ) yào nà ge。
(워 야오 나 거)
(저는) 저것 주세요.

▶ **Dialogue**

您要点什么?

Nín yào diǎn shén me?

(닌 야오 띠엔 션 머?)

무엇으로 주문하시겠습니까?

我要宫宝鸡丁。

Wǒ yào gōng bǎo jī dīng。

(워 야오 공 빠오 지 딩)

저는 땅콩 닭고기 볶음 주세요.

我要这个。

Wǒ yào zhè ge。

(워 야오 쩌 거)

저는 이것 주세요.

68 여기 추천 메뉴는 무엇인가요?

만약 특별히 원하는 메뉴가 없다면 종업원에게 가게에 있는 음식 메뉴 중 하나를 추천해달라고 부탁해보세요.

(▶) MP3 11-68

여기 추천 메뉴는 무엇인가요?

这儿有特色菜吗?

Zhèr yǒu tè sè cài ma?
(쩔 요우 트어 쓰어 차이 마?)
여기에서 추천하는 음식은 무엇입니까?

▶ **Dialogue**

这儿有什么好吃的?

Zhèr yǒu shén me hǎo chī de?
(쩔 요우 션 머 하오 츨 더)
여기는 무슨 음식이 맛있나요?

▶ Dialogue

我要点菜。
这儿有特色菜吗?

Wǒ yào diǎn cài.
Zhèr yǒu tè sè cài ma?
(워 야오 띠엔 차이 쩔 요우 트어 쓰어 차이 마?)
음식 주문할게요.
여기에서 추천하는 음식은 무엇입니까?

这儿有什么好吃的?

Zhèr yǒu shén me hǎo chī de?
(쩔 요우 션 머 하오 츨 더?)
여기는 무슨 음식이 맛있나요?

这儿的糖醋里脊不错。

Zhèr de táng cù lǐ jī bú cuò。
(쩔 더 탕 추 리 지 부 추어)
여기는 새콤달콤한 돼지고기 볶음이 맛있어요.

我要糖醋里脊。

Wǒ yào táng cù lǐ jī。
(워 야오 탕 추 리 지)
저는 새콤달콤한 돼지고기 볶음 주세요.

我要那个。

Wǒ yào nà ge。
(워 야오 나 거)
저는 저것 주세요.

211

다양한 맛

사람마다 각자 좋아하는 맛이 있습니다. 원하는 맛이 있다면 특별히 어떻게 해달라고 말해볼 수 있습니다. 여러 가지 맛을 표현하는 단어들을 먼저 살펴보도록 합시다.

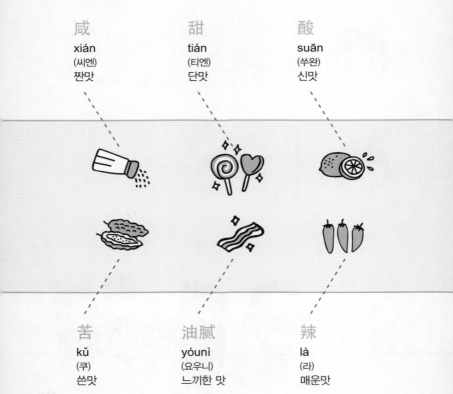

咸
xián
(씨엔)
짠맛

甜
tián
(티엔)
단맛

酸
suān
(쑤완)
신맛

苦
kǔ
(쿠)
쓴맛

油膩
yóunì
(요우니)
느끼한 맛

辣
là
(라)
매운맛

📝 … 맛 주세요

특별히 원하는 맛이 있다면, 그 맛을 두 번 되풀이해서 말하면 됩니다.

📝 엄청 …하게 해주세요

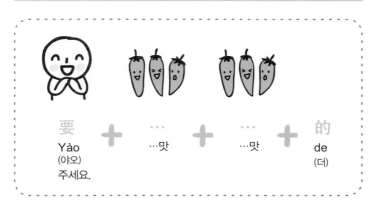

要
Yào
(야오)
주세요.

➕ …맛 ➕ …맛 ➕

的
de
(더)

要辣辣的。
Yào là là de。
(야오 라 라 더)
엄청 맵게 해주세요.

要酸酸的。
Yào suān suān de。
(야오 쑤완 쑤완 더)
엄청 새콤하게 해주세요.

혹은 어떤 맛을 너무 강하지 않게 해달라고 요청할 수도 있습니다.

✍ 너무 …하지 않게 해주세요

不要太
Bú yào tài
(부 야오 타이)
너무 …하지 않게 해주세요

╋

…
…맛

不要太咸。
Bú yào tài xián。
(부 야오 타이 씨엔)
너무 짜지 않게 해주세요.

不要太油腻。
Bú yào tài yóu nì。
(부 야오 타이 요우니)
너무 기름지지 않게 해주세요.

214

70 저는 알레르기가 있어요

음식의 맛을 지칭하는 말 외에 특정 재료에 알레르기가 있는 경우에는 어떻게 말해야 하는지 알아봅시다. 많은 사람들이 음식 재료에 알레르기가 있으면서도 잠깐의 맛을 위해 먹으려고 합니다. 위험을 무릅쓰지는 맙시다. 잠깐의 맛을 즐기기에는 병원 치료비를 포함해 잃는 것이 많습니다. 종업원에게 알레르기가 있는 음식 재료를 미리 말하면 우리가 조심할 수 있도록 빼고 조리해 줄 것입니다.

▶ MP3 11-70

过敏
guò mǐn
(구어 민)
알레르기

이번에는 종업원에게 이런저런 종류의 음식에 알레르기가 있다고 말하는 표현을 배워보겠습니다. 다음 문장을 이용해 말해볼 수 있습니다.

🖎 저는 …에 알레르기가 있어요

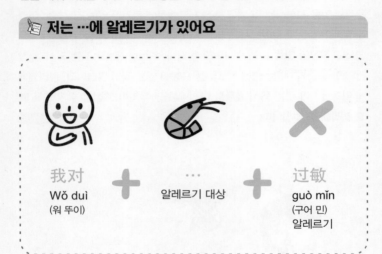

我对
Wǒ duì
(워 뚜이)

➕

…
알레르기 대상

➕

过敏
guò mǐn
(구어 민)
알레르기

이번에는 어떤 종류의 알레르기가 있는지 알아보겠습니다.

我对牛奶过敏。

Wǒ duì niú nǎi guò mǐn。
(워 뚜이 니요우 나이 구어 민)
저는 우유 알레르기가 있어요.

我对花生过敏。

Wǒ duì huā shēng guò mǐn。
(워 뚜이 화 성 구어 민)
저는 땅콩 알레르기가 있어요.

我对虾过敏。

Wǒ duì xiā guò mǐn。
(워 뚜이 씨아 구어 민)
저는 새우 알레르기가 있어요.

我对海鲜过敏。

Wǒ duì hǎi xiān guò mǐn。
(워 뚜이 하이 씨엔 구어 민)
저는 해산물 알레르기가 있어요.

217

71 저는 채식주의자입니다

▶ MP3 11-71

채식주의자라는 말은 종교나 개인적인 이유 등으로 고기로 만든 음식이나 고기가 포함된 음식을 먹지 않는 사람이라는 뜻입니다. 이것 또한 미리 말해준다면 식당 종업원이 우리에게 적절한 음식을 소개해줄 수 있습니다.

我是素食者。
Wǒ shì sù shí zhě。
(워 쓰 수 슬 즈어)
나는 채식주의자입니다.

有素菜吗?
Yǒu sù cài ma?
(요우 수 차이 마?)
채식주의자 식단 있나요?

我不吃肉。
Wǒ bù chī ròu。
(워 부 츨 로우)
나는 고기를 먹지 않아.

72 음식이 늦게 나왔을 때 / 주문한대로 음식이 나오지 않았을 때

▶ MP3 11-72

✍ 음식이 늦게 나왔을 때

오래 기다려도 주문한 음식이 나오지 않을 때 종업원에게 이렇게 물어볼 수 있습니다.

请帮我看一下，太慢了!

Qǐng bāng wǒ kàn yí xià, tài màn le!

(칭 빵 워 칸 이 씨 아, 타이 만 러)

확인 좀 해주세요. 너무 늦네요!

만약 너무 많이 기다리고 이미 재촉도 했는데 제때 음식이 나오지 않아서 더 이상 기다릴 수 없다고 강하게 말할 때는 이렇게 말하면 됩니다.

如果还没做就不要了。

Rú guǒ hái méi zuò jiù bú yào le。

(루 구어 하이 메이 쭈어 지유 부 야오 러)

만약 아직도 다 안 됐으면 그냥 주지 마세요.

▶ Dialogue

请帮我看一下，太慢了!

Qǐng bāng wǒ kàn yí xià, tài màn le!
(칭 빵 워 칸 이 씨아, 타이 만 러!)
확인 좀 해주세요. 너무 늦네요!

如果还没做就不要了。

Rú guǒ hái méi zuò jiù bú yào le。
(루 구어 하이 메이 쭈어 지유 부 야오 러)
아직도 안 나온 거라면 그냥 주지 마세요.

📝 주문한대로 음식이 나오지 않았을 때

종업원이 서빙을 잘못해서 주문하지 않은 음식이 나왔을 때는 종업원에게
다음과 같이 말해주도록 합시다.

我没有点这个菜。
Wǒ méi yǒu diǎn zhè ge cài.
(워 메이 요우 띠엔 쩌 거 차이)
저는 이 메뉴를 주문하지 않았는데요.

▶ Dialogue

我没有点这个菜。
Wǒ méi yǒu diǎn zhè ge cài.
(워 메이 요우 띠엔 쩌 거 차이)
저는 이 메뉴를 주문하지 않았는데요.

对不起!
Duì bu qǐ!
(뚜이 부 치)
죄송합니다!

221

73 계산해주세요

(▶ MP3 11-73)

식사를 맛있게 마쳤다면 이제 종업원을 불러 계산을 부탁해야 합니다. 한국에서는 "계산이요."라는 표현을 즐겨 쓰지요. 중국인들은 이렇게 말합니다.

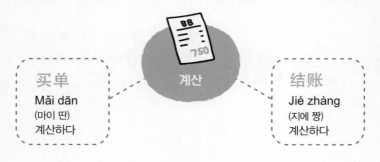

买单
Mǎi dān
(마이 딴)
계산하다

계산

结账
Jié zhàng
(지에 쨩)
계산하다

▶ **Dialogue**

买单。
Mǎi dān。
(마이 딴)
계산해주세요.

三百二十六块。
Sān bǎi èr shí liù kuài。
(싼 바이 얼 슬 리요우 콰이)
326위안입니다.

▶ **Dialogue**

结账。
Jié zhàng。
(지에 짱)
계산해주세요.

一千四百元。
Yì qiān sì bǎi yuán。
(이 치엔 쓰 바이 위엔)
1,400위안입니다.

74 내가 낼게요

종업원이 음식값으로 얼마가 나왔는지 알려주고 나서 항상 벌어지는 상황이지요. 누가 계산할지 결정을 해야 합니다. 첫 데이트에서는 남성이 신사다운 태도를 잃지 않기 위해서 여성에게 식사를 대접하는 경우가 많습니다. 꼭 남녀 간의 상황이 아니어도 마찬가지입니다. 친구 사이에서건, 손윗 아랫사람 사이에서건, 어떤 경우든 간에 우리가 음식값을 내고자 하는 입장이라면 중국어로 이렇게 말할 수 있습니다.

我请客。
Wǒ qǐng kè。
(워 칭 크어)
내가 낼게요.

我来付。
Wǒ lái fù。
(워 라이 푸)
내가 계산할게요.

▶ **Dialogue**

买单。
Mǎi dān。
(마이 딴)
계산이요.

两千元。
Liǎng qiān yuán。
(량 치엔 위엔)
2,000위안입니다.

这顿饭我请客。
Zhè dùn fàn wǒ qǐng kè。
(쩌 뚠 판 워 칭 크어)
이번엔 내가 낼게요.

谢谢。
Xiè xie。
(쎼 쎼)
고마워요.

▶ Dialogue

买单。
Mǎi dān。
(마이 딴)
계산이요.

一千元。
Yì qiān yuán。
(이 치엔 위엔)
1,000위안입니다.

妈来付。
Mā lái fù。
(마 라이 푸)
엄마가 낼게.

不, 妈。 我请客。
Bù, mā。 wǒ qǐng kè。
(뿌. 마. 워 칭 크어)
아니에요, 엄마. 제가 낼게요.

75 나누어서 내기

누가 돈을 낼지 결정을 못한 상황이거나 주문한 음식을 같이 먹었다고 한다면 많이 먹었든 적게 먹었든 똑같이 돈을 내면 됩니다. "나눠서 내자"는 중국어로는 이렇게 말합니다.

AA制。
A A zhì。
(AA 즐)
나누어서 내자.

各付一半。
Gè fù yí bàn。
(그어 푸 이 빤)
반반씩 내자.

▶ **Dialogue**

我们AA制吧。
Wǒ men AA zhì ba。
(워 먼 AA 즐 바)
우리 나누어서 내자.

好的。
Hǎo de。
(하오 더)
좋아.

▶ Dialogue

我请客。
Wǒ qǐng kè。
(워 칭 크어)
내가 낼게.

我们各付一半吧。
Wǒ men gè fù yí bàn ba。
(워 먼 그어 푸 이 빤 바)
반반씩 내자.

可以的。
Kě yǐ de。
(크어 이 더)
그러자.

- -

▶ Dialogue

800元，我们各付一半吧。
bā bǎi yuán, wǒ men gè fù yí bàn ba。
(빠 바이 위엔, 워 먼 그어 푸 이 빤 바)
800위안이네. 반씩 나눠서 내자.

可以。
Kě yǐ。
(크어 이)
좋아.

76 포장해주세요

(▶ MP3 11-76)

맛있게 식사를 마치고 났는데도 음식이 제법 남아있는 경우가 있습니다. 이
럴 때 종업원에게 포장해 달라고 부탁할 수 있습니다.

打包。

Dǎ bāo。
(따 빠오)
포장해주세요.

可以打包吗?

Kě yǐ dǎ bāo ma?
(크어 이 따 빠오 마)
포장 가능한가요?

帮我打包。

Bāng wǒ dǎ bāo。
(빵 워 따 빠오)
포장해주세요.

포장해주세요

▶ Dialogue

这是找给你的钱。
Zhè shì zhǎo gěi nǐ de qián.
(쩌 쓰 자오 게이 니 더 치엔)
여기 거스름돈입니다.

剩下的菜，帮我打包。
Shèng xià de cài, bāng wǒ dǎ bāo.
(셩 씨아 더 차이, 빵 워 따 빠오)
남은 음식은 포장해주세요.

好的。
Hǎo de.
(하오 더)
알겠습니다.

▶ Dialogue

帮我打包。

Bāng wǒ dǎ bāo.
(빵 워 따 빠오)
포장해주세요.

可以的。

Kě yǐ de。
(크어 이 더)
알겠습니다.

▶ Dialogue

可以打包吗?

Kě yǐ dǎ bāo ma?
(크어 이 따 빠오 마?)
포장 가능한가요?

好，请稍等。

Hǎo, qǐng shāo děng。
(하오, 칭 샤오 덩)
네, 잠시만요.

点茶/点咖啡

차 주문/커피 주문

77 무슨 음료로 하시겠습니까?

음료를 주문하는 상황에서는 음식을 주문할 때 썼던 표현을 가져와 바꾸어 쓸 수 있습니다. 하지만 몇몇 문장은 음료를 주문하는 상황에서만 쓰이는 표현들이 있습니다. 먼저 판매하는 사람이 쓰는 표현부터 배워보도록 하겠습니다.

▶ MP3 12-77

您要喝什么饮料?

Nín yào hē shén me yǐn liào?
(닌 야오 흐어 션 머 인 랴오?)
어떤 음료로 하시겠습니까?

이번에는 음식 주문을 할 때와 같은 표현으로 원하는 음료를 주문해보도록 하겠습니다. "나는 원한다"라는 뜻의 "我要 워 야오"로 문장을 시작한 다음, 원하는 음료의 이름을 말하면서 주문합니다.

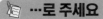

我要
Wǒ yào
(워 야오)
저는 …주세요

+

…
음료

我要茶水。
Wǒ yào chá shuǐ。
(워 야오 차 쉐이)
저는 차로 주세요.

주문하려는 음료의 수량도 말하고 싶다면 원하는 음료 이름 앞에 수량을 넣어주면 됩니다. 다음과 같이 말할 수 있습니다.

📝 …를 …잔/캔/병 주세요

我要
Wǒ yào
(워 야오)
저는 …주세요

＋

…
잔/캔/병의 수량

＋

…
음료

我要一杯咖啡。
Wǒ yào yì bēi kā fēi.
(워 야오 이 뻬이 카 페이)
저는 커피 한 잔 주세요.

"杯 뻬이"라는 단어는 음료를 셀 때 쓰는 단위인 "잔"이라는 뜻입니다. 예를 들어서 "一杯 이 뻬이"라고 말하면 "한 잔"이 됩니다.

78 뜨거운 음료 / 시원한 음료 주문하기

만약 주문할 때 뜨겁게 마시고 싶으면 "뜨거운"이라는 단어를, 시원하게 마시고 싶으면 "시원한"이라는 단어를 앞에 넣어서 말하면 됩니다.

뜨거운/시원한 …를 주세요

我要
Wǒ yào
(워 야오)
저는 …주세요

➕

冰
bīng
(삥)
시원한

➕

…
음료 이름

我要
Wǒ yào
(워 야오)
저는 …주세요

➕

热
rè
(르어)
뜨거운

➕

…
음료 이름

▶ **Dialogue**

您要喝什么饮料?

Nín yào hē shén me yǐn liào?
(닌 야오 흐어 션 머 인 랴오?)
어떤 음료로 하시겠습니까?

我要热茶。

Wǒ yào rè chá。
(워 야오 르어 차)
뜨거운 차 주세요.

▶ **Dialogue**

您要喝什么饮料?

Nín yào hē shén me yǐn liào?
(닌 야오 흐어 션 머 인 랴오?)
어떤 음료로 하시겠습니까?

我要一杯冰奶茶。

Wǒ yào yì bēi bīng nǎi chá。
(워 야오 이 뻬이 삥 나이 차)
저는 시원한 밀크티 한 잔 주세요.

▶ Dialogue

您要喝什么饮料？

Nín yào hē shén me yǐn liào?
(닌 야오 흐어 션 머 인 랴오?)
어떤 음료로 하시겠습니까?

我要冰柠檬茶。

Wǒ yào bīng níng méng chá.
(워 야오 삥 닝 멍 차)
저는 시원한 레몬티 주세요.

Memo

"시원하다"라는 뜻을 가진 "冻 똥"이라는 단어
는 광둥이나 홍콩 등의 중국 남부 지방에서 쓰
는 표현입니다. 다른 지방 사람들은 이 표현을
쓰지 않습니다. 주의하도록 합시다.

79 다양한 차의 종류

알아두면 좋을 중국인들의 문화 중 하나는 바로 차를 즐겨 마신다는 것입니다. 중국어로 각종 차 종류를 부르는 표현을 알아봅시다.

茶 chá (차) 차	奶茶 nǎi chá (나이 차) 밀크티

绿茶 lǜ chá (뤼 차) 녹차	红茶 hóng chá (홍 차) 홍차/서양식 차	铁观音茶 tiě guān yīn chá (티에 관 인 차) 철관음차

茉莉花茶 mò lì huā chá (모 리 화 차) 재스민차	龙井茶 lóng jǐng chá (롱 징 차) 용정차	

柠檬茶 níng méng chá (닝 멍 차) 레몬티	菊花茶 jú huā chá (쥐 화 차) 국화차	珍珠奶茶 zhēn zhū nǎi chá (쩐 쭈 나이 차) 버블티

239

⑧⓪ 다양한 커피 종류 주문하기

📝 다양한 커피 종류

오늘날에는 커피의 종류가 무척 다양해졌기 때문에 그냥 "커피"라고 주문하는 걸로는 충분하지 않습니다. 커피를 주문하는 방법을 알아보기 전에 먼저 다양한 종류의 커피 명칭을 살펴보도록 합시다. ▶ MP3 12-80

拿铁咖啡
ná tiě kā fēi
(나 티에 카 페이)
카페라떼

鲜奶咖啡
xiān nǎi kā fēi
(씨엔 나이 카 페이)
카페라떼 휘핑크림

卡布奇诺
kǎ bù qí nuò
(카 뿌 치 누어)
카푸치노

摩卡
mó kǎ
(모 카)
모카

美式咖啡
měi shì kā fēi
(메이 슬 카 페이)
아메리카노

特浓咖啡
tè nóng kā fēi
(트어 농 카 페이)
에스프레소

또는

埃斯普雷索
āi sī pǔ léi suǒ
(아이 쓰 푸 레이 쑤어)
에스프레소

커피를 주문하는 방식도 다른 음료를 주문하는 방식과 같습니다. "뜨거운"
또는 "시원한"이라는 말을 써서 원하는 대로 주문합니다. 이렇게 말입니다.

我要一杯冰拿铁咖啡。
Wǒ yào yì bēi bīng ná tiě kā fēi.
(워 야오 이 뻬이 삥 나 티에 카 페이)
아이스 카페라떼 한 잔 주세요.

我要一杯热埃斯普雷索。
Wǒ yào yì bēi rè āi sī pǔ léi suǒ.
(워 야오 이 뻬이 르어 아이 쓰 푸 레이 쑤어)
뜨거운 에스프레소 한 잔 주세요.

我要一杯沙冰卡布奇诺。
Wǒ yào yì bēi shā bīng kǎ bù qí nuò.
(워 야오 이 뻬이 샤 삥 카 뿌 치 누어)
카푸치노 프라페 한 잔 주세요.

뜨거운 커피와 시원한 커피 외에도 많은 사람들이 얼음과 갈아 만든 프라페
커피를 좋아합니다. 중국어로는 "沙冰 샤 삥"이라고 하는데, 이를 원하는 음
료 이름 앞에 붙여서 말하면 프라페 음료가 됩니다.

81 더 넣어주세요 / 조금만 넣어주세요 / 빼주세요

✍️ …는 더 넣어주세요

원하는 맛을 내고 싶다면 커피에 이것저것 추가해 달라고 요청하면 됩니다.
"추가하다"라는 뜻의 "加 찌아"를 사용해서 다음과 같이 말할 수 있습니다.

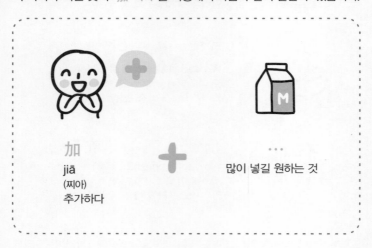

加
jiā
(찌아)
추가하다

많이 넣길 원하는 것

기호에 따라 커피에 추가하거나 빼달라고 할 때 알아두어야 할 것들이 있습니다.

肉桂粉
ròu guì fěn
(로우 구이 펀)
시나몬 가루

鲜奶油
xiān nǎi yóu
(씨엔 나이 요우)
휘핑크림

奶泡
nǎi pào
(나이 파오)
우유 거품

牛奶
niú nǎi
(니요우 나이)
우유

糖
táng
(탕)
설탕

冰块
bīng kuài
(삥 콰이)
얼음

243

我要一杯沙冰摩卡，加鲜奶油。

Wǒ yào yì bēi shā bīng mó kǎ,
jiā xiān nǎi yóu。

(워 야오 이 뻬이 샤 삥 모 카, 찌아 씨엔 나이 요우)
모카 프라페에 휘핑크림을 추가해주세요.

我要热卡布奇诺，加肉桂粉。

Wǒ yào rè kǎ bù qí nuò, jiā ròu guì fěn。

(워 야오 르어 카 뿌 치 누어, 찌아 로우 구이 펀)
뜨거운 카푸치노에 시나몬 가루를 추가해주세요.

…는 조금만 넣어주세요(덜 넣는 부탁)

만약 조금만 넣었으면 하는 재료가 있다면 "少放 샤오 팡"이라는 단어를 써서 다음과 같이 부탁을 해볼 수 있습니다.

少放
shǎo fàng
(샤오 팡)
…는 조금만 넣어주세요

➕

...
적게 넣길 원하는 것

我要冰卡布奇诺，少放奶泡。

Wǒ yào bīng kǎ bù qí nuò, shǎo fàng nǎi pào.

(워 야오 삥 카 뿌 치 누어, 샤오 팡 나이 파오)

아이스 카푸치노에 우유는 적게 넣어주세요.

我要冰埃斯普雷索，少放糖。

Wǒ yào bīng āi sī pǔ léi suǒ, shǎo fàng táng.

(워 야오 삥 아이 쓰 푸 레이 쏘어, 샤오 팡 탕)

차가운 에스프레소에 설탕은 조금만 넣어주세요.

246

📝 …는 빼주세요

마찬가지로 전혀 좋아하지 않는 재료가 있다면 종업원에게 아예 넣지 말아 달라고 부탁할 수 있습니다. "원하지 않는다"는 뜻을 가진 "不要 부 야오"를 쓰거나 "넣지 마세요"라는 뜻의 "不放 부 팡"을 써서 나타냅니다.

我要一杯沙冰卡布奇诺, 不要鲜奶油。
Wǒ yào yì bēi shā bīng kǎ bù qí nuò, bú yào xiān nǎi yóu.
(워 야오 이 뻬이 샤 삥 카 뿌 치 누어, 부 야오 씨엔 나이 요우)
카푸치노 프라페 한 잔에 휘핑크림 빼고 주세요.

我要一杯热拿铁咖啡, 不放奶泡。
Wǒ yào yì bēi rè ná tiě kā fēi, bú fàng nǎi pào.
(워 야오 이 뻬이 르어 나 티에 카 페이, 부 팡 나이 파오)
뜨거운 카페라떼에 우유 거품 빼고 주세요.

작은 컵 / 중간 컵 / 큰 컵

음료를 주문할 때 배워야 할 마지막 표현은 작은 컵, 중간 컵, 큰 컵 중에서 우리가 원하는 사이즈를 말하는 방법입니다. 사이즈를 나타내는 다양한 표현을 알아봅시다.

▶ MP3 12-81

小杯
xiǎo bēi
(샤오 뻬이)
작은 컵

中杯
zhōng bēi
(쫑 뻬이)
중간 컵

大杯
dà bēi
(따 뻬이)
큰 컵

特大杯
tè dà bēi
(트어 따 뻬이)
특대 컵

사이즈를 나타내는 표현은 어디에 두어야 할까요?

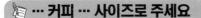 ··· 커피 ··· 사이즈로 주세요

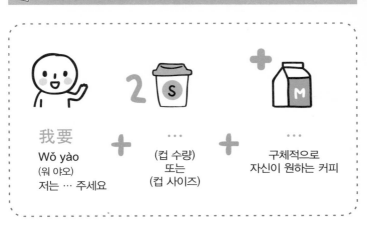

我要
Wǒ yào
(워 야오)
저는 ··· 주세요

+

···
(컵 수량)
또는
(컵 사이즈)

+

···
구체적으로
자신이 원하는 커피

我要大杯冰卡布奇诺。

Wǒ yào dà bēi bīng kǎ bù qí nuò.
(워 야오 따 뻬이 삥 카 뿌 치 누어)
아이스 카푸치노 큰 사이즈 한 잔 주세요.

我要两小杯冰摩卡，少放冰块。

Wǒ yào liǎng xiǎo bīng mó kǎ,
shǎo fàng bīng kuài.
(워 야오 량 샤오 삥 모 카, 샤오 팡 삥 콰이)
얼음을 조금만 넣은 작은 사이즈
아이스 모카 두 잔 주세요.

我要三中杯沙冰埃斯普雷索。

Wǒ yào sān zhōng bēi shā bīng āi sī pǔ léi suǒ.
(워 야오 싼 쫑 뻬이 샤 삥 아이 쓰 푸 레이 쏘어)
에스프레소 프라페 중간 사이즈 세 잔 주세요.

Chapter
13

问路
길 물어보기

83 저는 길을 잃었어요

익숙하지 않은 장소를 방문했을 때 많은 사람들이 길을 잃어버리곤 하죠.
그럴 때 길을 묻는 표현은 지금 상황을 모면하는 데 필요합니다. "저는 길
을 잃었어요."라는 표현을 통해 우리가 곤란한 상황이라는 것을 말해봅시다.

我迷路了。
Wǒ mí lù le。
(워 미 루 러)
저는 길을 잃었어요.

不好意思， 我迷路了。
Bù hǎo yì si, wǒ mí lù le。
(부 하오 이 쓰, 워 미 루 러)
실례합니다. 제가 길을 잃었는데요.

예문과 같이 도움을 요청할 때에는 실례한다고 먼저 말하는 것이 좋습니다.
상대에게 갑자기 물어봐서 미안하다는 표현을 함과 동시에 도움을 요청하
기 위해서입니다.

여기는 어디인가요?

(▶ MP3 13-84)

가려는 곳은 알고 있지만 지금 서 있는 장소가 어디인지 모른다면 목적지까지 가기 힘들겠지요. 지나가는 사람에게 이곳이 어디인지 먼저 물어봅시다. 중국어로는 이렇게 말합니다.

这里是什么地方?
Zhè lǐ shì shén me dì fang?
(쩌 리 쓰 션 머 디 팡?)
여기는 어디인가요?

좀 더 예의 바르게 보이고 싶다면 "좀 여쭤볼게요."라는 뜻의 "请问 칭 원" 이라는 말로 문장을 시작하면 됩니다.

▶ **Dialogue**

请问，这里是什么地方?
Qǐng wèn, zhè lǐ shì shén me dì fang?
(칭 원, 쩌 리 스 션 머 디 팡?)
말씀 좀 여쭤볼게요, 여기가 어디인가요?

这里是我爱你路。
Zhè lǐ shì Wǒ ài nǐ lù.
(쩌 리 쓰 워 아이 니 루)
여기는 워아이니니길이에요.

질문을 받은 사람은 예문처럼 "이곳은…"라는 뜻의 "这里是 쩌 리 쓰"라는
말과 함께 장소를 말하면 됩니다.

85 …은 어디 있나요? / …은 어떻게 가나요?

✍ …은 어디 있나요?

또는 우리가 가려는 목적지를 말하면서 물어봐도 됩니다. "어디에 있나요?"
라는 뜻의 "在哪儿 짜이 날"을 붙이면 됩니다.

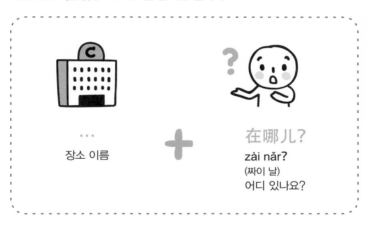

…

장소 이름

➕

在哪儿?
zài nǎr?
(짜이 날)
어디 있나요?

이번에는 주요 장소를 가리키는 단어들을 살펴보겠습니다. 그리고 이 단어들을 사용해서 길을 묻는 문장을 만들어봅시다.

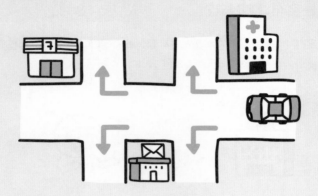

医院	yī yuàn	이 위엔	병원
停车场	tíng chē chǎng	팅 츠어 챵	주차장
超级市场/超市	chāo jí shì chǎng/	챠오 지 슬 챵	슈퍼마켓
	chāo shì	챠오 슬	
菜市场	cài shì chǎng	차이 슬 챵	청과물 시장
公园	gōng yuán	꽁 위엔	공원
银行	yín háng	인 항	은행
咖啡厅	kā fēi tīng	카 페이 팅	카페
邮局	yóu jú	요우 쥐	우체국

请问， 邮局在哪儿?

Qǐng wèn, yóu jú zài nǎr?
(칭 원, 요우 쥐 짜이 날?)
말씀 좀 여쭐게요.
우체국은 어디에 있나요?

▶ **Dialogue**

你好! 我迷路了。
请问， 这里是什么地方?

Nǐ hǎo! Wǒ mí lù le.
Qǐng wèn, zhè lǐ shì shén me dì fang?
(니 하오! 워 미 루 러. 칭 원, 쩌 리 쓰 션 머 디 팡?)
안녕하세요. 제가 길을 잃었는데요.
실례지만, 여기는 어디인가요?

这里是王府井。

Zhè lǐ shì Wáng fǔ jǐng.
(쩌 리 쓰 왕 푸 징)
여기는 왕푸징입니다.

257

✍ …은 어떻게 가나요?

어디에 있는지 물었다면 원하는 장소에 어떻게 가는지 물어봐야겠지요. "어디에 있나요?"라는 표현을 "어떻게 가나요?"라는 뜻을 가진 중국어 "怎么 走 쩐 머 쪼우"로 바꿔주기만 하면 됩니다.

…
장소 이름

+

怎么 走?
zěn me zǒu?
(쩐 머 쪼우)
어떻게 가나요?

请问, 医院 怎么走?

Qǐng wèn, yī yuàn zěn me zǒu?
(칭 원, 이 위엔 쩐 머 쪼우?)
말씀 좀 여쭐게요. 병원에는 어떻게 가나요?

菜市场怎么走?

Cài shì chǎng zěn me zǒu?
(차이 슬 챵 쩐 머 쪼우?)
청과물 시장은 어떻게 가나요?

86 가는 방법 말하기

앞에서 장소를 물어보는 문장을 배웠습니다. 어디에 있는지, 어떻게 가는지 물어보는 사람이 원하는 답은 목적지에 가는 방법이겠지요. 다음 단어들을 이용해서 길을 설명해보겠습니다.

🖋 직진, 좌회전, 우회전

直走	左拐	右拐
zhí zǒu	zuǒ guǎi	yòu guǎi
(즈 쩌우)	(쭈어 과이)	(요우 과이)
직진	왼쪽으로 돌다	오른쪽으로 돌다

▶ **Dialogue**

银行怎么走?
Yín háng zěn me zǒu?
(인 항 쩐 머 쩌우)
은행은 어떻게 가나요?

右拐。
Yòu guǎi。
(요우 과이)
오른쪽으로 도세요.

방향을 말했다면 바로 "도착하다"라는 뜻의 "就到 찌유 따오"를 끝에 넣어줍시다.

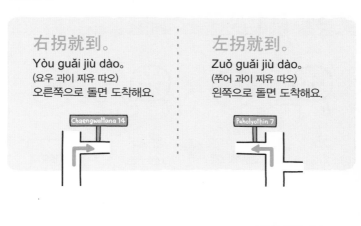

右拐就到。
Yòu guǎi jiù dào。
(요우 과이 찌유 따오)
오른쪽으로 돌면 도착해요.

左拐就到。
Zuǒ guǎi jiù dào。
(쭈어 과이 찌유 따오)
왼쪽으로 돌면 도착해요.

Chaengwattana 14

Paholyothin 7

SUKHUMVIT RD.

🖋 이 길로 갔다가 저 길로 가세요

설명하려는 길이 이리저리 복잡하다면, 단어를 연달아 말해줍니다. 어떤 방향으로 돌아야 하는지 먼저 말해준 다음 다시 어느 방향으로 가야 하는지 알려줍니다.

🖋 먼저 …하고 나서 …

先
Xiān
(씨엔)
먼저

+

…
오른쪽으로
돌다

+

然后
rán hòu
(란 호우)
그리고 나서

+

…
왼쪽으로
돌다

▶ Dialogue

公园在哪儿?
Gōng yuán zài nǎr?
(꽁 위엔 짜이 날?)
공원은 어디에 있나요?

先右拐, 然后左拐。
Xiān yòu guǎi, rán hòu zuǒ guǎi。
(씨엔 요우 과이, 란 호우 쭈어 과이)
먼저 오른쪽으로 돌고 나서 왼쪽으로 도세요.

이외에도 "여기에서부터"라는 말을 이용해 길을 설명할 수 있습니다.

📝 여기에서부터 …하고 나서 …

从这里	+	…	+	然后	+	…
Cóng zhè lǐ (총 쩌리) 여기에서부터		오른쪽으로 돌다		rán hòu (란 호우) 그리고 나서		직진

▶ Dialogue

咖啡厅怎么走?
Kā fēi tīng zěn me zǒu?
(카 페이 팅 쩐 머 쪼우?)
카페에 어떻게 가나요?

从这里右拐，然后直走。
Cóng zhè lǐ yòu guǎi, rán hòu zhí zǒu。
(총 쩌 리 요우 과이, 란 호우 즐 쪼우)
여기서부터 오른쪽으로 돈 다음에 직진하세요.

263

87 정해진 위치 말하기

목적지까지 가는 길을 설명할 때 우회전, 좌회전, 직진 등을 말하고 난 다음
해당 장소가 어디에 있는지 말해주는 것도 잊지 마세요. "~에 있다"라는 뜻
의 "在 짜이"를 넣고, 뒤에 다음 단어들을 사용해서 해당 장소가 어디에 위
치해 있는지 설명합니다.

在拐角处。
Zài guǎi jiǎo chù。
(짜이 과이 찌아오 추)
모퉁이에 있어요.

在后边。
Zài hòu biān。
(짜이 호우 비엔)
뒤쪽에 있어요.

在右边。
Zài yòu biān。
(짜이 요우 비엔)
오른쪽에 있어요.

在左边。
Zài zuǒ biān。
(짜이 쭈어 비엔)
왼쪽에 있어요.

在旁边。
Zài páng biān。
(짜이 팡 비엔)
옆쪽에 있어요.

在前边。
Zài qián biān。
(짜이 치엔 비엔)
앞쪽에 있어요.

在对面。
Zài duì miàn。
(짜이 뚜이 미엔)
건너편에 있어요.

▶ **Dialogue**

请问，咖啡厅在哪儿?

Qǐng wèn, kā fēi tīng zài nǎr?
(칭 원, 카 페이 팅 짜이 날)
저기요, 카페는 어디에 있나요?

左拐，咖啡厅就在对面。

Zuǒ guǎi, kā fēi tīng jiù zài duì miàn.
(쭈어 과이, 카 페이 팅 찌유 짜이 뚜이 미엔)
왼쪽으로 도세요. 카페는 건너편에 있어요.

► Dialogue

你好！我迷路了。
请问银行怎么走？

Nǐ hǎo! Wǒ mí lù le.
Qǐng wèn yín háng zěn me zǒu?
(니 하오! 워 미 루 러. 칭 원 인 항 쩐 머 쪼우?)
안녕하세요! 길을 잃어버렸어요.
은행은 어떻게 가나요?

银行在超市对面。

Yín háng zài chāo shì duì miàn.
(인 항 짜이 차오 슬 뚜이 미엔)
은행은 슈퍼마켓 맞은편에 있어요.

从这里直走，
在拐角处左拐就到了。

Cóng zhè lǐ zhí zǒu,
zài guǎi jiǎo chù zuǒ guǎi jiù dào le.
(총 쩌 리 즐 쪼우,
짜이 과이 찌아오 추 쭈어 과이 찌유 따오 러)
여기서부터 직진하신 다음에
길모퉁이에서 왼쪽으로 도세요.

谢谢！

Xiè xie!
(쎄 쎄!)
감사합니다.

看法/想法/意见
생각/느낌

88 …에 대해 어떻게 생각해요?

외국어를 더 잘하기 위해서는 외국어를 쓸 수 있는 상황을 만들어야 합니다.
중국어로 이런저런 생각을 표현해보는 것도 언어를 연습할 수 있는 좋은 방법
입니다. 먼저 여러 가지 의견을 나타낼 때 쓰는 단어들을 살펴보도록 합시다.

▶ MP3 14-88

看法
kàn fǎ
(칸 파)
견해, 의견

想法
xiǎng fǎ
(씨앙 파)
생각, 의견

어떻게 생각해요?

意见
yì jiàn
(이 지엔)
견해, 의견

위의 세 단어는 모두 "의견"이라는 뜻을 가지고 있지만, 뉘앙스의 차이는 있습니
다. 함께 대화하는 상대에게 의견을 물어볼 때 이 세 단어를 사용할 수 있습니다.

✏️ …에 대해 어떤 의견(견해)을 갖고 있습니까?

你对
Nǐ duì
(니 뚜이)
당신

＋

…
내용

＋

有什么看法?
yǒu shén me kàn fǎ?
(요우 션 머 칸 파)
…에 대해
어떤 의견을 갖고 있습니까?

✏️ …에 대해 어떤 의견(생각)을 갖고 있습니까?

你对
Nǐ duì
(니 뚜이)
당신

＋

…
내용

＋

有什么想法?
yǒu shén me xiǎng fǎ?
(요우 션 머 씨앙 파?)
…에 대해
어떤 의견을 갖고 있습니까?

PART 14 생각 / 느낌

269

✍ 당신은 …에 대해 어떤 의견을 갖고 있습니까?

你对 **+** ··· **+** 有什么意见?

Nǐ duì
(니 뚜이)
당신

내용

yǒu shén me yì jiàn?
(요우 션 머 이 지엔)
…에 대해
어떤 의견을 갖고 있습니까?

你对他有什么看法?

Nǐ duì tā yǒu shén me kàn fǎ?
(니 뚜이 타 요우 션 머 칸 파?)
너는 그 사람에 대해 어떻게 생각해?

你对这部电影有什么想法?

Nǐ duì zhè bù diàn yǐng yǒu shén me xiǎng fǎ?
(니 뚜이 쩌 부 띠엔 잉 요우 션 머 씨앙 파?)
너는 이 영화에 대해 어떻게 생각해?

你对这家餐厅有什么意见?

Nǐ duì zhè jiā cān tīng yǒu shén me yì jiàn?
(니 뚜이 쩌 지아 찬 팅 요우 션 머 이 지엔?)
이 음식점에 대해 어떻게 생각하십니까?

89 의견에 동의하나요?

이번에는 질문을 받는 입장이 되어봅시다. 질문하는 상대가 자신의 생각에 동의하는지 아닌지 이렇게 물어볼 것입니다.

의견에 동의하나요?

你同意我的看法吗?
Nǐ tóng yì wǒ de kàn fǎ ma?
(니 퉁 이 워 더 칸 파 마?)
내 의견에 동의하니?

你同意我的想法吗?
Nǐ tóng yì wǒ de xiǎng fǎ ma?
(니 퉁 이 워 더 씨앙 파 마?)
내 의견에 동의하니?

你同意我的意见吗?
Nǐ tóng yì wǒ de yì jiàn ma?
(니 퉁 이 워 더 이 지엔 마?)
내 의견에 동의하니?

PART 14 생각 / 느낌

271

90 의견 표현하기 (동의/비동의/중립)

📖 동의/동의하지 않다

동의하다는 뜻을 가진 단어는 중국어로 "同意 통 이"입니다. 만약 동의하지 않을 때에는 아니라는 뜻의 "不 뿌"를 앞에 붙입니다.

我同意。
Wǒ tóng yì.
(워 통 이)
동의해요.

我不同意。
Wǒ bù tóng yì.
(워 뿌 통 이)
동의하지 않아요.

반드시 동의하거나 반대할 필요 없이 어느 쪽이든 상관없을 때에는 이렇게
대답할 수 있습니다.

都可以。
Dōu kě yǐ。
(또우 크어 이)
어느 쪽이든 괜찮아요.

随便。
Suí biàn。
(쑤이 비엔)
마음대로 해요.

▶ **Dialogue**

你同意我的看法吗?
Nǐ tóng yì wǒ de kàn fǎ ma?
(니 통 이 워 더 칸 파 마?)
내 의견에 동의하니?

我同意。
Wǒ tóng yì.
(워 통 이)
나는 동의해.

我不同意。
Wǒ bù tóng yì.
(워 뿌 통 이)
나는 동의하지 않아.

随便。
Suí biàn.
(쑤이 비엔)
네 마음대로 해.

내 생각에는 …

의견을 나타내는 표현으로는 "내가 느끼기에는…" 또는 "내 생각에는…"이
있습니다. 중국어로는 이렇게 말해볼 수 있습니다.

📝 내 생각에는 …

我想
Wǒ xiǎng
(워 씨앙)
내 생각에는

...
의견을 표현하는 내용

我看
Wǒ kàn
(워 칸)
내가 보기에는

...
의견을 표현하는 내용

我认为
Wǒ rèn wéi
(워 런 웨이)
내 생각에는

+

· · ·

의견을 표현하는 내용

我想, 这部电影很有意思。
Wǒ xiǎng, zhè bù diàn yǐng hěn yǒu yì si.
(워 씨앙, 쩌 뿌 띠엔 잉 헌 요우 이 쓰)
내 생각에 이 영화는 재미있어.

我看, 她真的可爱。
Wǒ kàn, tā zhēn de kě ài.
(워 칸, 타 쩐 더 크어 아이)
내가 보기에 그녀는 정말 사랑스러워.

我认为, 他很自私。
Wǒ rèn wéi, tā hěn zì sī.
(워 런 웨이, 타 헌 쯔 쓰)
내 생각에 그는 이기적이야.

이번에는 다양한 의견 표현을 보도록 하겠습니다. 좋다, 안 좋다, 좋아한다, 좋아하지 않는다 등과 같이 어디서나 쓸 수 있는 쉬운 표현들부터 배워보도록 합시다.

긍정 표현

好	不错	美, 美丽	帅	可爱
hǎo	bú cuò	měi, měi lì	shuài	kě ài
(하오)	(부 추어)	(메이, 메이 리)	(슈와이)	(크어 아이)
좋다	괜찮다	예쁘다	잘생기다	귀엽다

有意思	善良	大方	值得信任
yǒu yì si	shàn liáng	dà fāng	zhí de xìn rèn
(요우 이 쓰)	(샨 량)	(따 팡)	(즐 더 씬 런)
재미있다	착하다	마음이 넓다	믿을 수 있다

277

坏
huài
(화이)
나쁘다

很丑
hěn chǒu
(헌 초우)
(얼굴이) 추하다

无聊
wú liáo
(우 랴오)
지루하다

信不过
xìn bu guò
(씬 부 꾸어)
믿을 수 없다

心很黑
xīn hěn hēi
(씬 헌 헤이)
못됐다

自私
zì sī
(쯔 쓰)
이기적이다

吝啬
lìn sè
(린 쓰어)
인색하다

丢脸
diū liǎn
(띠우 리엔)
창피하다

92 좋아한다/안 좋아한다

우리가 무언가를 좋아한다거나 좋아하지 않는다는 표현을 하고 싶다면 이렇게 말합니다.

좋아한다

喜欢
xǐ huān
(씨 환)
좋아한다.

我喜欢运动。
Wǒ xǐ huān yùn dòng。
(워 씨 환 윈 똥)
나는 운동을 좋아해.

不喜欢
bù xǐ huān
(뿌 씨 환)
안 좋아한다.

我不喜欢蓝色。
Wǒ bù xǐ huān lán sè。
(워 뿌 씨 환 란 써)
나는 파란색을 좋아하지 않아.

爱好

취미

당신의 취미는 뭐예요?

대화를 더욱 즐겁게 해주는 주제 중 하나는 대화 상대가 좋아하는 일, 즉 취미를 묻는 것이겠지요. 상대가 우리와 같은 관심사를 가지고 있다면 대화가 더 풍부해질 거예요. 우선 "취미"라는 단어를 익혀보도록 하겠습니다.

愛好
ài hào
(아이 하오)
취미

상대방에게 취미가 무엇인지 물어보는 말은 이렇게 합니다.

你的愛好是什么?
Nǐ de ài hào shì shén me?
(니 더 아이 하오 쓰 션 머?)
당신의 취미는 뭐예요?

94 내 취미는 …

(▶ MP3 15-94)

이번에는 본인의 취미에 대해 말하는 문장을 알아보겠습니다. 스스로 말하고 싶어서 말할 때든, 누군가 물어봐서 대답해야 하는 상황이든 상관 없이 동일한 문장을 사용할 수 있습니다.

我的爱好是
Wǒ de ài hào shì
(워 더 아이 하오 쓰)
내 취미는 …입니다.

▶ **Dialogue**

你的爱好是什么?
Nǐ de ài hào shì shén me?
(니 더 아이 하오 쓰 션 머?)
너의 취미는 뭐야?

我的爱好是踢足球。
Wǒ de ài hào shì tī zú qiú。
(워 더 아이 하오 쓰 티 쭈 치요우)
내 취미는 공차기야.

我也一样。
Wǒ yě yí yàng。
(워 예 이 양)
나랑 똑같구나.

PART 15 취미

283

대화 상대와 취미가 같다는 것을 알았을 때는 예문처럼 "我也一样 워 예 이 양"이라고 말하면 됩니다. 자신도 역시 (공차기를) 좋아한다는 뜻입니다.

이제 우리가 좋아하는 취미에 관한 다양한 표현들을 중국어로는 어떻게 말하는지 보도록 합시다.

📝 다양한 취미들

做饭	运动	看电影
zuò fàn	yùn dòng	kàn diàn yǐng
(쭈어 판)	(윈 똥)	(칸 띠엔 잉)
음식 만들기	운동	영화 보기

	听音乐	看书
	tīng yīn yuè	kàn shū
	(팅 인 위에)	(칸 슈)
	음악 듣기	책 읽기

旅游	种树	
lǚ yóu	zhòng shù	
(뤼 요우)	(쫑 슈)	
여행	나무 심기	

▶ **Dialogue**

你的爱好是什么?

Nǐ de ài hào shì shén me?
(니 더 아이 하오 쓰 션 머?)
네 취미는 뭐니?

我的爱好是做饭。

Wǒ de ài hào shì zuò fàn.
(워 더 아이 하오 쓰 쭈어 판)
내 취미는 음식 만들기야.

我的爱好是看书。

Wǒ de ài hào shì kàn shū.
(워 더 아이 하오 쓰 칸 슈)
내 취미는 책 읽기야.

95 어떤 배우를 좋아해요?

누구나 쉽게 즐길 수 있고 손쉽게 우리에게 행복감을 가져다주는 취미가 있습니다. 바로 영화나 드라마 시청입니다. 우리는 쉬거나 할 때 영화나 드라마를 보곤 하죠. 그러다가 더 나아가 관심 있는 배우가 생기기도 하죠. 배우에 대한 수다를 떠는 것도 하나의 취미가 될 수 있습니다. ▶ MP3 15-95

明星
míng xīng
(밍 싱)
배우

演员
yǎn yuán
(옌 위엔)
배우

이번에는 대화하는 상대에게 어떤 배우를 좋아하는지 물어볼 때 쓰는 문장을 보겠습니다.

你喜欢哪个明星?

Nǐ xǐ huān nǎ gè míng xīng?
(니 씨 환 나 거 밍 씽?)
어떤 배우를 좋아하니?

你喜欢哪个演员?

Nǐ xǐ huān nǎ gè yǎn yuán?
(니 씨 환 나 거 옌 위엔?)
어떤 배우를 좋아하니?

질문을 받은 사람은 다음 문장을 이용해서 간단히 대답할 수 있습니다.

📝 **나는 …를 좋아해요**

我喜欢

Wǒ xǐ huān
(워 씨 환)
나는 … 를 좋아해

➕

…
좋아하는 배우

▶ Dialogue

你喜欢哪个明星？
Nǐ xǐ huān nǎ gè míng xīng?
(니 씨 환 나 거 밍 씽?)
너는 어떤 배우를 좋아해?

我喜欢范冰冰。
Wǒ xǐ huān Fàn Bīng bīng.
(워 씨 환 판 빙 빙)
나는 판빙빙을 좋아해.

我喜欢吴尊。
Wǒ xǐ huān Wú Zūn.
(워 씨 환 우 쥔)
나는 우준을 좋아해.

96 어떤 가수를 좋아해요?

배우들이 출연하는 드라마를 보는 것 외에도, 노래나 춤을 통해 우리에게 기쁨을 주는 사람들이 있지요. 바로 가수입니다. 노래로 우리를 행복하게 해주는 가수들에 대한 얘기를 나누는 것도 재밌습니다.

歌手
gē shǒu
(그어 쇼우)
가수

상대가 어떤 가수를 좋아하는지 알고 싶다면 이 문장을 사용해서 물어보도록 합시다.

你喜欢哪个歌手?
Nǐ xǐ huān nǎ gè gē shǒu?
(니 씨 환 나 거 그어 쇼우?)
너는 어떤 가수를 좋아해?

우리가 어떤 가수를 좋아하는지 말할 때 쓰는 문장은 어떤 배우를 좋아하는지 말하는 문장과 비슷합니다. 문장 사이에 우리가 좋아하는 대상의 이름을 넣기만 하면 됩니다.

▶ **Dialogue**

你喜欢哪个歌手?

Nǐ xǐ huān nǎ gè gē shǒu?
(니 씨 환 나 거 그어 쇼우?)
너는 어떤 가수를 좋아해?

我喜欢韩庚。

Wǒ xǐ huān Hán Gēng。
(워 씨 환 한 끙)
나는 한경을 좋아해.

我喜欢周杰伦。

Wǒ xǐ huān Zhōu Jié lún。
(워 씨 환 쪼우 지에 룬)
나는 주걸륜을 좋아해.

97 왜 좋아해요?

▶ MP3 15-97

우리가 좋아하는 배우나 가수에 대한 얘기가 나오면 꼭 나오는 주제가 있습니다. 바로 왜 좋아하는지, 어떤 면이 좋은지 등과 같은 수많은 이유입니다. 아니면 우리가 그 사람을 어떻게 좋아하기 시작했고 얼마나 좋아해왔는지도 말할 수 있습니다. 우선 그 사람을 좋아하는 이유를 말하는 문장부터 보도록 합시다.

为什么喜欢?
Wèi shén me xǐ huān?
(웨이 션 머 씨 환?)
왜 좋아해요?

만약 상대방과 같은 연예인을 좋아하고 있다면, 더욱더 그 이유에 관한 이야기를 나누고 싶어집니다. 때로는 우리가 좋아하는 사람이 일치하지 않더라도 왜 그 연예인을 좋아하는지 이유를 듣고 싶어질 때도 있겠죠. 우리가 누군가를 좋아하는 이유를 말할 때 쓰는 표현은 다음 문장 형식을 써서 나타낼 수 있습니다.

✎ … 때문에 좋아해요

我喜欢是因为
Wǒ xǐ huān shì yīn wèi
(워 씨 환 쓰 인 웨이)
… 때문에 좋아해요

+

…
좋아하는 이유

▶ **Dialogue**

你喜欢哪个歌手?

Nǐ xǐ huān nǎ gè gē shǒu?

(니 씨 환 나 거 그어 쇼우?)

어떤 가수를 좋아해?

我喜欢言承旭。

Wǒ xǐ huān Yán Chéng xù。

(워 씨 환 옌 청 쉬)

나는 옌청쉬를 좋아해.

为什么喜欢?

Wèi shén me xǐ huān?

(웨이 션 머 씨 환?)

왜 좋아하게 됐어?

他很帅。

Tā hěn shuài。

(타 헌 슈와이)

너무 잘생겼잖아.

PART 15 취미

이번에는 연예인을 좋아하는 이유를 설명하기 위한 다른 표현들도 살펴보도록 합시다.

她喜欢说话。
Tā xǐ huān shuō huà。
(타 씨 환 슈어 화)
그녀는 말하는 것을 좋아해.

他孝顺。
Tā xiào shùn。
(타 씨아오 슌)
그는 효심이 깊어.

她演得很好。
Tā yǎn dé hěn hǎo。
(타 옌 드 헌 하오)
그녀는 연기를 잘해.

他跳舞跳得很好。
Tā tiào wǔ tiào dé hěn hǎo。
(타 티아오 우 티아오 드 헌 하오)
그는 춤을 잘 춰.

他害羞。
Tā hài xiū。
(타 하이 씨요우)
그는 수줍음을 잘 타.

他唱得很好。
Tā chàng dé hěn hǎo。
(타 챵 드 헌 하오)
그는 노래를 잘 불러.

她可爱。
Tā kě ài。
(타 크어 아이)
그녀는 귀여워.

98 배드민턴 치는 거 좋아하세요?

▶ MP3 15-98

중국이 강세를 보이는 스포츠는 바로 "배드민턴"입니다. 배드민턴 강국으로 이름을 날리면서 중국인들을 으쓱하게 만들어주고 더불어 배드민턴 경기에도 많은 관심을 가지게 되었습니다. 그러면 이제 어떻게 대화 주제를 배드민턴으로 돌릴 수 있는지 관련 예문을 보겠습니다.

喜欢打羽毛球吗?

Xǐ huān dǎ yǔ máo qiú ma?

(씨 환 따 위 마오 치요우 마?)

배드민턴 치는 거 좋아하세요?

배드민턴을 좋아한다고 해서 반드시 직접 경기를 해야 하는 것만은 아닙니다. 어떤 사람들은 직접 하기보다는 관전하는 것을 좋아합니다. 따라서 누군가 우리에게 배드민턴을 좋아하냐고 물었을 때 대답하는 방법은 다음과 같이 나눌 수 있습니다.

我喜欢打羽毛球。
Wǒ xǐ huān dǎ yǔ máo qiú。
(워 씨 환 따 위 마오 치요우)
나는 배드민턴 치는 것 좋아해.

- -

我不喜欢打羽毛球，我比较喜欢看。
Wǒ bù xǐ huān dǎ yǔ máo qiú, wǒ bǐ jiào xǐ huān kàn。
(워 뿌 씨 환 따 유 마오 치요우, 워 비 지아오 씨 환 칸)
나는 배드민턴 치는 것을 좋아하지 않아.
하지만 보는 건 아주 좋아해.

- -

99 어떤 배드민턴 선수를 좋아하세요?

운동선수도 배우나 가수 못지않게 선망의 대상이 될 수 있습니다. 스포츠 관전을 좋아하는 사람에게는 좋아하는 배드민턴 선수 이야기를 꺼내며 대화를 시작해볼 수 있습니다.

你喜欢哪个羽毛球运动员?

Nǐ xǐ huān nǎ gè yǔ máo qiú yùn dòng yuán?

(니 씨 환 나 거 위 마오 치요우 윈 똥 위엔?)

어떤 배드민턴 선수를 좋아하세요?

▶ Dialogue

你喜欢哪个羽毛球运动员?
Nǐ xǐ huān nǎ gè yǔ máo qiú yùn dòng yuán?
(니 씨 환 나 거 위 마오 치요우 윈 뚱 위엔?)
어떤 배드민턴 선수를 좋아하니?

我喜欢王适娴。
Wǒ xǐ huān Wáng Shì xián.
(워 씨 환 왕 슬 씨엔)
나는 왕스셴을 좋아해.

我喜欢王仪涵。
Wǒ xǐ huān Wáng Yí hán.
(워 씨 환 왕 이 한)
나는 왕이한을 좋아해.

我喜欢拉差诺。
Wǒ xǐ huān Lā chāi nuò.
(워 씨 환 라 챠 누어)
나는 라차녹을 좋아해.

批评/称赞
비난/지적/칭찬

100 얼굴 칭찬하기

▶ MP3 16-100

맨 처음 우리가 상대방을 만났을 때 가장 먼저 보는 것은 그 사람의 얼굴입니다. 상대방에게 예쁘고 잘생겼다고 칭찬해주면 듣는 사람도 저절로 기분이 좋아지겠지요. 중국어로 외모를 칭찬하는 방법을 알아봅시다.

长得好看。
Zhǎng de hǎo kàn。
(짱 드 하오 칸)
얼굴이 아주 괜찮다.

可爱。
Kě ài。
(크어 아이)
매우 귀엽다.

很帅。
Hěn shuài。
(헌 슈와이)
정말 잘생겼다.

很漂亮。
Hěn piào liang。
(헌 피아오 량)
무척 예쁘다.

이 단어들을 문장 속으로 가져와보겠습니다. 누군가를 칭찬하고 싶을 때는
이렇게 말할 수 있습니다

他长得好看。

Tā zhǎng de hǎo kàn。
(타 쟝 드 하오 칸)
그는 얼굴이 무척 근사해.

你很可爱。

Nǐ hěn kě ài。
(니 헌 크어 아이)
너는 정말 귀여워.

他很帅。

Tā hěn shuài。
(타 헌 슈와이)
그는 무척 잘생겼어.

你很漂亮。

Nǐ hěn piào liang。
(니 헌 피아오 량)
당신은 아주 예쁘군요.

101 몸매/피부 칭찬하기

▶ MP3 16-101

얼굴의 예쁨과 잘생김 외에도, 몸매와 피부 역시 보여지는 특징입니다. 관련 단어들을 살펴봅시다.

很苗条。
Hěn miáo tiáo。
(헌 미아오 티아오)
날씬하다(여자).

很强壮。
Hěn qiáng zhuàng。
(헌 치앙 쭈왕)
건장하다, 다부지다(남자).

皮肤好。
Pí fū hǎo。
(피 푸 하오)
피부가 무척 곱다.

▶ Dialogue

你的身材很苗条。

Nǐ de shēn cái hěn miáo tiáo.
(니 더 션 차이 헌 미아오 티아오)
너는 몸매가 날씬하구나.

谢谢。

Xiè xie.
(쎼 쎼)
고마워.

- -

▶ Dialogue

小明的身材很强壮。

Xiǎo míng de shēn cái hěn qiáng zhuàng.
(샤오 밍 더 션 차이 헌 치앙 쭈왕)
샤오밍은 몸매가 정말 다부져.

我同意。

Wǒ tóng yì.
(워 통 이)
나도 그렇게 생각해.

303

▶ Dialogue

子怡的皮肤很好。
Zǐ yí de pí fū hěn hǎo.
(쯔 이 더 피 푸 헌 하오)
쯔이는 피부가 무척 좋아.

我很喜欢你。
Wǒ hěn xǐ huān nǐ.
(워 헌 씨 환 니)
나는 네가 정말 좋아.

102 마음씨 칭찬

아름다운 외모는 사람들을 끌어당기는 요소이지만 어떤 때는 마음씨로부터 나오는 내면의 아름다움이 외면적인 부분 보다 좋아 보이기도 합니다. 착한 마음씨 역시 상대방으로 하여금 가까워지고 싶도록 만듭니다.

善良
shàn liáng
(샨 량)
착하다

沉着
chén zhuó
(천 쭈어)
차분하다

慷慨
kāng kǎi
(캉 카이)
후하다(아낌없이)

小明很善良。

Xiǎo míng hěn shàn liáng。
(샤오 밍 헌 샨 량)
샤오밍은 착하다.

成龙很沉着。

Chéng Lóng hěn chén zhuó。
(청 롱 헌 천 쭈어)
청롱은 차분하다.

大卫很慷慨。

Dà wèi hěn kāng kǎi。
(따 웨이 헌 캉 카이)
따웨이는 후하다.

103 성격 칭찬하기

▶ MP3 16-103

좋은 마음씨뿐만 아니라 상대방을 배려하는 성격 역시 사람을 사랑스러워 보이게 하고 친구가 되고 싶게 만드는 매력이 되는 요소들 중의 하나입니다. 성격을 표현하는 말에는 어떤 것이 있는지 알아봅시다.

爱说话。
Ài shuō huà。
(아이 슈어 화)
말하기를 좋아한다.

友好。
Yǒu hǎo。
(요우 하오)
붙임성이 좋다.

有幽默感。
Yǒu yōu mò gǎn。
(요우 요우 모어 간)
유머감각이 있다.

乐观。
Lè guān。
(르어 관)
긍정적이다.

丹丹爱说话。

Dān dān ài shuō huà.

(딴 딴 아이 슈어 화)

딴딴은 말하기를 좋아해.

连杰很友好。

Lián jié hěn yǒu hǎo.

(리안 지에 헌 요우 하오)

리안지에는 붙임성이 참 좋아.

丽丽很有幽默感。

Lì li hěn yǒu yōu mò gǎn.

(리 리 헌 요우 요우 모어 간)

리리는 유머감각이 뛰어나.

杨幂很乐观。

Yáng mì hěn lè guān.

(양 미 헌 르어 관)

양미는 긍정적이야.

104 능력 칭찬하기

(▶) MP3 16-104

외모와 마음씨 그리고 성격은 모두 우리를 돋보이게 해 주는 부분들입니다.
그러나 또 한 가지 중요한 것은 능력입니다. 이번에는 능력을 나타내는 말에
는 어떤 것이 있는지 살펴봅시다.

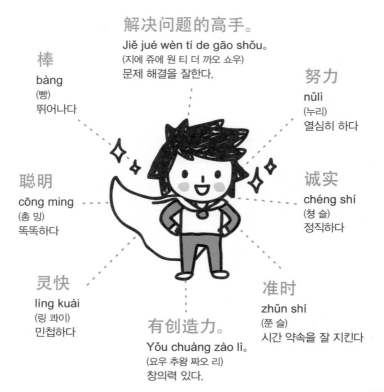

解决问题的高手。
Jiě jué wèn tí de gāo shǒu.
(지에 쥬에 원 티 더 까오 쇼우)
문제 해결을 잘한다.

棒
bàng
(빵)
뛰어나다

努力
nǔlì
(누리)
열심히 하다

聪明
cōng ming
(총 밍)
똑똑하다

诚实
chéng shí
(청 슬)
정직하다

灵快
líng kuài
(링 콰이)
민첩하다

准时
zhǔn shí
(쭌 슬)
시간 약속을 잘 지킨다

有创造力。
Yǒu chuàng zào lì.
(요우 추왕 짜오 리)
창의력 있다.

309

子怡很棒。

Zǐ yí hěn bàng。
(쯔 이 헌 빵)
쯔이는 무척 뛰어나요.

杨幂很努力。

Yáng mì hěn nǔ lì。
(양 미 헌 누 리)
양미는 노력을 많이 해요.

佩佩很聪明。

Pèi pei hěn cōng ming。
(페이 페이 헌 총 밍)
페이페이는 매우 똑똑해요.

丽丽有创造力。

Lì li yǒu chuàng zào lì。
(리 리 요우 추왕 짜오 리)
리리는 창의력이 뛰어나요.

丹丹是解决问题的高手。

Dān dān shì jiě jué wèn tí de gāo shǒu.

(딴 딴 쓰 지에 쥬에 원 티 더 까오 쇼우)

딴딴은 문제 해결이 뛰어나요.

连杰很灵快。

Lián jié hěn líng kuài.

(리 엔 지에 헌 링 콰이)

리안지에는 아주 민첩해요.

力宏很准时。

Lì hóng hěn zhǔn shí.

(리 홍 헌 쭌 슬)

리홍은 시간 약속에 철저해요.

成龙很真实。

Chéng Lóng hěn zhēn shí.

(청 롱 헌 쩐 슬)

청롱은 정직해요.

105 얼굴과 몸매 지적하기

칭찬에 관한 표현은 충분히 알았으니 이번에는 지적하는 표현에 대해 배워봅시다. 지적하는 것과 칭찬은 맞닿아있습니다. 좋은 의도로 한다면 말이지요. 우리는 상대방이 더 발전하길 바라는 마음에서 지적하기도 하는데, 듣는 사람이 불편하지 않을 정도로만 말하는 것이 좋겠지요.

脸色苍白 liǎn sè cāng bái (리엔 쓰어 창 바이) 얼굴이 창백하다	太胖 tài pàng (타이 팡) 뚱뚱하다
太瘦 tài shòu (타이 쇼우) 말랐다	
大腹便便 dà fù pián pián (따 푸 피엔 피엔) 배가 나오다	脸色暗淡 liǎn sè àn dàn (리엔 쓰어 안 딴) 안색이 어둡다
	头发干燥 tóu fa gān zào (토우 파 깐 짜오) 머리결이 건조하다

子怡脸色苍白。

Zǐ yí liǎn sè cāng bái。

(쯔 이 리엔 쓰어 창 바이)

쯔이의 얼굴이 창백하다.

杨幂脸色暗淡。

Yáng mì liǎn sè àn dàn。

(양 미 리엔 쓰어 안 딴)

양미의 안색이 어둡다.

力宏太胖了。

Lì hóng tài pàng le。
(리 훙 타이 팡 러)
리훙은 너무 뚱뚱해.

成龙太瘦了。

Chéng lóng tài shòu le。
(청 롱 타이 쇼우 러)
청롱은 너무 말랐어.

小明大腹便便的。

Xiǎo míng dà fù pián pián de。
(샤오 밍 따 푸 피엔 피엔 더)
샤오밍은 배가 나왔어.

佩佩的头发很干燥。

Pèi pei de tóu fa hěn gān zào。
(페이 페이 더 토우 파 헌 깐 짜오)
페이페이는 머리결이 건조해.

106 성격 지적하기

성격에 대해 좋게 말하는 단어도 있지만, 부정적인 어감을 가지고 있는 단어도 있어요. 부정적인 성격을 가진 사람하고 대화할 때면 가끔은 참기 힘들기도 합니다. 이번에는 부정적인 어감을 주는 성격에 대한 표현을 살펴보도록 합시다.

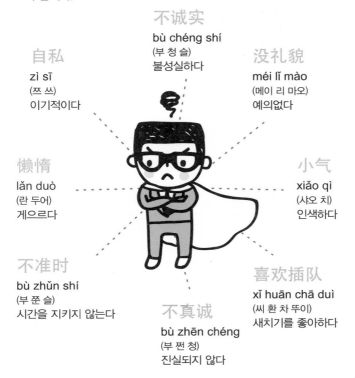

不诚实
bù chéng shí
(부 청 슬)
불성실하다

自私
zì sī
(쯔 쓰)
이기적이다

没礼貌
méi lǐ mào
(메이 리 마오)
예의없다

懒惰
lǎn duò
(란 두어)
게으르다

小气
xiǎo qì
(샤오 치)
인색하다

不准时
bù zhǔn shí
(부 쭌 슬)
시간을 지키지 않는다

喜欢插队
xǐ huān chā duì
(씨 환 차 뚜이)
새치기를 좋아하다

不真诚
bù zhēn chéng
(부 쩐 청)
진실되지 않다

你很自私。
Nǐ hěn zì sī。
(니 헌 쯔 쓰)
너는 이기적이야.

他不诚实。
Tā bù chéng shí。
(타 뿌 청 슬)
그는 정직하지 않아.

力宏不真诚。

Lì hóng bù zhēn chéng。
(리 훙 뿌 쩐 청)
리훙은 진실되지 못하다.

成龙不准时。

Chéng Lóng bù zhǔn shí。
(청 롱 뿌 쭌 슬)
청룽은 시간 약속을 잘 지키지 않는다.

小明很懒惰。

Xiǎo míng hěn lǎn duò。
(샤오 밍 헌 란 두어)
샤오밍은 게으름뱅이다.

佩佩很小气。

Pèi pei hěn xiǎo qì。
(페이 페이 헌 샤오 치)
페이페이는 인색하다.

大卫没有礼貌。

Dà wèi méi yǒu lǐ mào。
(따 웨이 메이 요우 리 마오)
따웨이는 예의가 없다.

丹丹喜欢插队。

Dān dān xǐ huān chā duì。
(딴 딴 씨 환 차 뚜이)
딴딴은 새치기를 좋아한다.

标语 / 命令句

안내문/명령문

107 흡연 금지

▶ MP3 17-107

담배를 피우지 말라는 경고를 영어로 "No Smoking"이라고 합니다. 담배를
금지하는 중국어 경고판에는 "禁烟 찐 옌"이라고 쓰여 있답니다.

禁
jìn
(찐)
금지 / ~마시오

烟
yān
(옌)
담배

누군가에게 담배를 피우지 말라고 말하거나 경고할 때는 다음과 같이 말
합니다.

这里不可以抽烟。
Zhè lǐ bù kě yǐ chōu yān。
(쩌 리 뿌 크어 이 초우 옌)
여기는 흡연 금지입니다.

319

这里是非吸烟区。
Zhè lǐ shì fēi xī yān qū。
(쩌 리 쓰 페이 치 옌 취)
여기는 흡연 금지구역입니다.

这里不允许抽烟。
Zhè lǐ bù yǔn xǔ chōu yān。
(쩌 리 뿌 윈 쒸 초우 옌)
이 구역에서는
흡연이 허락되지 않습니다.

많은 사람들이 담배 연기를 좋아하지 않습니다. 냄새 자체가 안 좋기도 하고 몸에도 나쁘기 때문입니다. 담배를 피우고 있는 사람에게 냄새가 싫다는 말은 이렇게 말합니다.

我讨厌你的烟味。
Wǒ tǎo yàn nǐ de yān wèi。
(워 타오 옌 니 더 옌 웨이)
나는 당신의 담배 냄새가 싫어요.

► **Dialogue**

这里不可以抽烟。
Zhè lǐ bù kě yǐ chōu yān.
(쩌 리 뿌 크어 이 초우 옌)
여기는 흡연 금지입니다.

为什么不可以?
Wèi shén me bù kě yǐ?
(웨이 션 머 뿌 크어 이)
왜 피울 수 없나요?

这里不允许抽烟,
我也很讨厌你的烟味。
Zhè lǐ bù yǔn xǔ chōu yān, wǒ yě hěn tǎo
yàn nǐ de yān wèi.
(쩌 리 뿌 윈 쉬 초우 옌, 워 예 헌 타오 옌 니 더 옌 웨이)
이곳에선 흡연이 허락되지 않아요.
그리고 저도 당신의 담배 냄새가 싫어요.

108 취하기 시작했어요

 ▶ MP3 17-108

술을 마시고 진솔한 얘기를 나누는 것은 나쁜 것이 아닙니다. 술을 마시면 안된다는 것이 아니라 적당히 마시는 법을 알고 이성을 잃지 말아야 한다는 것이죠. 어지럽고 취하기 시작한다면 조심해야 합니다.

📝 취한 상태를 나타내는 다양한 표현

晕	yūn	(윈)	어질하다
微醺	wēi xūn	(웨이 쒼)	약간 취하다
醉	zuì	(쭈이)	취하다
头疼	tóu téng	(토우 텅)	머리 아프다
想吐	xiǎng tǔ	(씨앙 투)	토하고 싶다
走路不稳	zǒu lù bù wěn	(쪼우 루 뿌 원)	비틀거리며 걷다
趴在地上	pā zài dì shang	(파 짜이 띠 상)	바닥을 기다
昏迷	hūn mí	(훈 미)	의식을 잃다

322

我微醺了。
Wǒ wēi xūn le。
(워 웨이 쒼 러)
나 조금 취하기 시작했어.

我有点晕了。
Wǒ yǒu diǎn yūn le。
(워 요우 띠엔 윈 러)
나 어지럽기 시작했어.

我醉了。
Wǒ zuì le。
(워 쭈이 러)
나 취했어.

만약 술을 마셨다면 절대로 차를 운전하려는 생각을 해선 안됩니다. 왜냐하면 그건 자기 자신뿐만 아니라 도로 위의 다른 사람들에게도 위험한 일이기 때문입니다.

喝醉不开车。

Hē zuì bù kāi chē。
(흐어 쭈이 뿌 카이 츠어)
술에 취하면 운전하지 마세요.

喝醉了就坐出租车回去吧。

Hē zuì le jiù zuò chū zū chē huí qù ba。
(흐어 쭈이 러 지요우 쭈어 추 주 츠어 후이 취 바)
취했으니 택시를 타는 게 낫겠어요.

你喝醉了，别开车了，我送你。

Nǐ hē zuì le, bié kāi chē le, wǒ song nǐ。
(니 흐어 쭈이 러, 비에 카이 츠어 러, 워 송 니)
당신 취했네요. 운전하지 마세요. 제가 데려다줄게요.

▶ **Dialogue**

我觉得我喝醉了。

Wǒ jué de wǒ hē zuì le。
(워 쥬에 더 워 흐어 쮜이 러)
나 취하기 시작했어.

怎么能不醉呢，你喝了六瓶。

Zěn me néng bù zuì ne, nǐ hē le liù píng。
(쩐 머 넝 뿌 쮜이 너, 니 흐어 러 리요우 핑)
어떻게 취하지 않겠어. 여섯 병이나 마셨잖아.

我想吐。

Wǒ xiǎng tǔ。
(워 씨앙 투)
나 토하고 싶어.

哎！先别吐，去洗手间吧。

Āi! xiān bié tǔ, qù xǐ shǒu jiān ba。
(아이! 씨엔 비엔 투, 취 씨 쇼우 지엔 바)
으악! 아직 안 돼, 화장실에 가서 토해야 돼.

109 가버려! / 나가!

인내심이 한계에 달하거나 기분이 안 좋은 상황에서는 강한 어조로 말할 수 있습니다. 다음의 표현들은 상대방이 듣기에 기분 나쁠 수도 있으니 상황을 보아가며 사용하도록 합니다.

你走!
Nǐ zǒu!
(니 쪼우!)
가버려!

滚!
Gǔn!
(꾼!)
저리 가!

出去!
Chū qù!
(추 취!)
나가!

再也不要来找我。
Zài yě bú yào lái zhǎo wǒ.
(짜이 예 뿌 야오 라이 자오 워)
다시는 나를 찾아 오지마.

▶ **Dialogue**

请先听我说。
Qǐng xiān tīng wǒ shuō。
(칭 씨엔 팅 워 슈어)
일단 내가 설명하게 해줘.

我不想再听你的借口，给我出去。
Wǒ bù xiǎng zài tīng nǐ de jiè kǒu,
gěi wǒ chū qù。
(워 뿌 씨앙 짜이 팅 니 더 지에 코우, 게이 워 추 취)
더 이상 어떤 변명도 듣고 싶지 않아.
내 집에서 나가.

求求你。
Qiú qiú nǐ。
(치유 치유 니)
제발 부탁이야.

我说给我出去!
Wǒ shuō gěi wǒ chū qù!
(워 슈어 게이 워 추 취!)
나가라고 했지!

PART 17 안내문/명령문

반대로 상대에게 돌아오라고 하는 상황이나 상대가 우리를 찾아오는 상황에서는 이렇게 말합니다.

回来!
Huí lái!
(후이 라이!)
이리 돌아와!

你在这儿呆着。
Nǐ zài zhèr dāi zhe。
(니 짜이 쩔 따이 즈어)
여기서 가만히 있어.

千万别出去。
Qiān wàn bié chū qù。
(치엔 완 비에 추 취)
어디 갈 생각 하지 마.

▶ **Dialogue**

你要去哪儿?

Nǐ yào qù nǎr?

(니 야오 취 날?)

너 지금 어디 가려는 거야?

我要跟同事去酒吧。

Wǒ yào gēn tong shì qù jiǔ ba。

(워 야오 건 통 슬 취 지요우 바)

직장 동료랑 펍에 가려고 했어.

别去，你给我回来!

Bié qù, nǐ gěi wǒ huí lái!

(비에 취, 니 게이 워 후이 라이!)

안 돼 못 가. 당장 이리 돌아와.

329

110 큰소리 내지 마세요

장소에 따라서 큰소리를 내면 안 되는 곳이 있습니다. 특히 도서관이나 영화관과 같은 곳에서 시끄럽게 말하고 있는 사람들을 발견하면 이렇게 말할 수 있습니다.

不要出大声。
bú yào chū dà sheng。
(부 야오 추 따 셩)
큰소리 내지 마세요.

别说话。
bié shuō huà。
(비에 슈어 화)
말하지 말아주세요.

큰소리 내지 마세요

小声点。
xiǎo shēng diǎn。
(샤오 셩 띠엔)
목소리 좀 낮춰주세요.

安静。
ān jìng。
(안 징)
조용히 해요.

집중해야 하는 일이 있어서 조용히해 달라고 말할 수 있습니다. 또는 성가시다고 말할 수 있습니다. 그러나 이 표현도 상대방이 기분 나쁘다고 느낄 수 있는 굉장히 센 표현이니 말할 때 주의합니다.

我要集中精力。
Wǒ yào jí zhōng jīng lì。
(워 야오 지 쫑 찡 리)
나 집중해야 해.

我在看书。
Wǒ zài kàn shū。
(워 짜이 칸 슈)
나는 책을 읽고 있어.

我在看电影。
Wǒ zài kàn diàn yǐng。
(워 짜이 칸 띠엔 잉)
나는 영화를 보는 중이야.

我很烦。
Wǒ hěn fán。
(워 헌 판)
성가시네.

111 이렇게 하지 마세요

"하지 마"라는 말은 명령이 될 수도 있고 금해야 할 것을 가르치는 말이 될 수도 있습니다. 말하는 사람의 어조에 달려 있습니다.

✍ 가르치는 태도, 훈계하는 태도로 말할 때

不要再这么做。
Bú yào zài zhè me zuò。
(부 야오 짜이 쩌 머 쭈어)
또 이렇게 하시면 안 됩니다.

✍ 명령, 꾸짖는 태도로 말할 때

不要再这么做！
Bú yào zài zhè me zuò!
(부 야오 짜이 쩌 머 쭈어!)
또 이렇게 하지 마!

더 강하게 말하고 싶거나 경고하고 싶다면 "절대로"라는 말을 넣어서 쓸 수 있습니다.

千万不要这么做!
Qiān wàn bú yào zhè me zuò!
(치엔 완 뿌 야오 쩌 머 쮜에!)
절대로 다시는 이렇게 하지 마!

🖊️ … 하지 마세요

"하지 마라."는 말은 다른 사람에게 무언가 더 이상 하지 못하게 금지할 때 쓰는 관용적인 표현입니다. "别 비에"라는 말을 문장 앞에 가져와 쓰면 됩니다.

别
bié
(비에)
…하지 마세요

＋

…
금지하는 내용

别出去玩。
Bié chū qù wán。
(비에 추 취 완)
나가서 놀지 마.

别骗我。
Bié piàn wǒ。
(비에 피엔 워)
나한테 거짓말하지 마.

别听他说。
Bié tīng tā shuō。
(비에 팅 타 슈어)
그가 하는 말 듣지 마.

别跟我抢。
Bié gēn wǒ qiǎng。
(비에 건 워 치앙)
나에게서 빼앗으려고 하지 마!

先别买，我先比较价格。
Xiān bié mǎi, wǒ xiān bǐ jiào jià gé。
(씨엔 비에 마이, 워 씨엔 비 지아오 찌아 그어)
일단 사지 마. 내가 가격 먼저 비교해볼게.

► **Dialogue**

昨天我喝得很醉，对你做了不
好的事，真的对不起。

Zuó tiān wǒ hē de hěn zuì, duì nǐ zuò le
bù hǎo de shì, zhēn de duì bu qǐ.

(쭈어 티엔 워 흐어 드 헌 쭈이,
뚜이 니 쭈어 러 부 하오 더 슬, 쩐 더 뚜이 부 치)
어제 내가 너무 많이 취했었지.
너에게 실수한 것 같네. 정말 미안해.

过去就过去了，
但以后别这么做了，知道吗？

Guò qù jiù guò qù le,
dàn yǐ hòu bié zhè me zuò le, zhī dào ma?

(구어 취 지요우 구어 취 러,
딴 이 호우 비에 쩌 머 쭈어 러, 쯜 따오 마?)
지나간 건 잊어버리자.
하지만 다시 이러지는 마. 알았지?

我答应再也不会这么做了。

Wǒ dā ying zài yě bú huì zhè me zuò le.

(워 따 잉 짜이 예 뿌 후이 쩌머 쭈어 러)
다시 안 그러겠다고 약속할게.

很好。

Hěn hǎo.

(헌 하오)
아주 좋아.

335

(▶ MP3 17-112)

112 조심해요

만약 다른 사람에게 피해를 입지 않도록 조심하라는 구체적인 지적을 하고
싶다면, "잘 살펴봐." 또는 "조심해."라는 말을 합니다.

小心
xiǎo xīn
(샤오 씬)
조심하다

小心点儿
xiǎo xīn diǎnr
(샤오 씬 띠알)
조심하다

조심해요

📝 …를 조심해요

어떤 것을 조심해야 하는지 더 구체적으로 말하고 싶다면 뒤에 문장을 덧붙여서 말해줄 수도 있습니다. 앞에서 배운 문장에 더해서 이렇게 나타낼 수 있습니다.

小心
Xiǎo xīn
(샤오 씬)
…를 조심해요

＋

…
조심해야 하는 내용

337

小心打破杯子。

Xiǎo xīn dǎ pò bēi zi。
(샤오 씬 따 포어 베이 쯔)
잔 깨지지 않게 조심해.

小心包包被盗。

Xiǎo xīn bāo bāo bèi dào。
(샤오 씬 빠오 빠오 뻬이 따오)
가방 도둑맞지 않게 조심해.

小心蚊子。
Xiǎo xīn wén zi。
(샤오 씬 원 쯔)
모기 조심해.

小心腐烂食物。
Xiǎo xīn fǔ làn shí wù。
(샤오 씬 푸 란 슬 우)
음식 상하는 것 조심해.

小心刀。
Xiǎo xīn dāo。
(샤오 씬 따오)
칼에 베이지 않게 조심해.

► Dialogue

孩子别乱跑，
你会撞到东西掉下来的。

Hái zi bié luàn pǎo,
nǐ huì zhuàng dào dōng xī diào xià lái de。
(하이 쯔 베이 루안 파오,
니 후이 쮸왕 따오 동 씨 띠아오 씨아 라이 더)
얘들아, 집 안에서 뛰면서 장난치지 말아라.
물건들 다 부서지겠다.

那么我们可以去外面玩吗？

Nà me wǒ men kě yǐ qù wài miàn wán ma?
(나 머 워 먼 크어 이 취 와이 미엔 완 마?)
그럼 우리들 밖에 나가서 놀아도 되나요?

可以，但要小心车。

Kě yǐ , dàn yào xiǎo xīn chē。
(크어 이, 딴 야오 샤오 씬 츠어)
그래도 돼. 하지만 차 조심하거라.

好的，妈。

Hǎo de, mā。
(하오 더 마)
알았어요 엄마.

113 이제 자러 가거라

이 말은 어렸을 때 많이 들어본 표현일 것입니다. 대부분 부모님께서 우리를 염려하는 마음에 항상 하시는 말씀이지요. 아이들이 자러 갈 시간이 되었네요.

很晚了。
Hěn wǎn le。
(헌 완 러)
시간이 많이 늦었구나.

该睡觉了。
gāi shuì jiào le。
(가이 슈웨이 찌아오 러)
이제 자러 가거라.

▶ Dialogue

很晚了，该睡觉了。

Hěn wǎn le, gāi shuì jiào le。
(헌 완 러, 가이 슈웨이 찌아오 러)
시간이 많이 늦었구나 얘야.
이제 자러 가거라.

但我还不困。

Dàn wǒ hái bú kùn。
(딴 워 하이 부 쿤)
아직 안 졸려요. 엄마.

听话，明天还要早起去学校。

Tīng huà, míng tiān hái yào zǎo
qǐ qù xué xiào。
(팅 화, 밍 티엔 하이 야오 짜오 치 취 슈에 씨아오.)
고집 부리지 마라.
내일 아침 일찍 학교에 가야지.

好的，妈。

Hǎo de, mā。
(하오 더 마)
알았어요 엄마.

일단 내가 하는 말을 들어봐

누군가와 옥신각신 할 때는 "듣는 것"이 가장 중요합니다. 하지만 만약에 상대방이 들으려고 하지 않는다면 결국 서로의 입장을 이해하지 못하게 되어 양쪽 다 불편해지겠죠.

(▶) MP3 17-114

先听我说。

Xiān tīng wǒ shuō.

(씨엔 팅 워 슈어)

일단 내가 하는 말을 들어봐.

听我说可以吗?

Tīng wǒ shuō kě yǐ ma?

(팅 워 슈어 크어 이 마?)

내 말 좀 들어보겠니?

给我时间解释。

Gěi wǒ shí jiān jiě shì.

(게이 워 슬 지엔 지에 슬)

내가 설명할 시간을 줘.

좋게 말했는데도 상대가 여전히 들으려 하지 않을 때는 강하게 말할 수 있습니다.

听我说!
Tīng wǒ shuō!
(팅 워 슈어!)
내 말 좀 들어!

要听我说!
Yào tīng wǒ shuō!
(야오 팅 워 슈어!)
말 좀 들어!

▶ Dialogue

我们应该怎么办?

Wǒ men yīng gāi zěn me bàn?

(워 먼 잉 가이 쩐 머 빤?)

우리 어떻게 하기로 결정하는 게 좋을까요?

我跟你说了五遍。

Wǒ gēn nǐ shuō le wǔ biàn。

(워 건 니 슈어 러 우 비엔)

다섯 번이나 말씀드렸는데요.

你什么时候说的，我没听见。

Nǐ shén me shí hòu shuō de, wǒ méi tīng jiàn。

(니 션 머 슬 호우 슈어 더, 워 메이 팅 지엔)

언제 그런 말을 하셨어요. 저는 들은 적이 없는데요.

我说的时候，你也要听我说啊。

wǒ shuō de shí hòu, Nǐ yě yào tīng wǒ shuō ā。

(워 슈어 더 슬 호우, 니 예 야오 팅 워 슈어 아)

제가 말할 때 잘 들으셨어야죠.

345

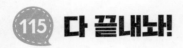

115 다 끝내놔!

🔊 MP3 17-115

모든 사람들이 두려워하는 잔소리가 있습니다. 하물며 직장 상사의 입에서
나오면 벌벌 떨게 되는 말입니다.

要完成!
Yào wán chéng!
(야오 완 청!)
다 끝내놔!

첫 번째 형식은 그저 혼내는 것에 불과합니다. 이번에는 기한 안에 끝내라
는 말을 알아봅시다.

📝 …안에 다 끝내다

… (시간대)	内 nèi (네이) …안에	完成 wán chéng (완 청) 완성시키다

今天之内你要把报告完成。

Jīn tiān zhī nèi nǐ yào bǎ bào gào wán chéng。

(찐 티엔 쯜 네이 니 야오 바 빠오 까오 완 청)

오늘 안에 보고서를 끝내셔야 합니다.

在下个星期内要把这件事完成。

Zài xià gè xīng qī nèi yào bǎ zhè jiàn shì wán chéng。

(짜이 씨아 끄어 씽 치 네이 야오 바 쩌 지엔 슬 완 청)

다음 주까지 이 일을 끝내놓으셔야 합니다.

我在明天内要收拾好行李。

Wǒ zài míng tiān nèi yào shōu shi hǎo xíng li。

(워 짜이 밍 티엔 네이 야오 쇼우 슬 하오 씽 리)

나는 내일까지 가방을 모두 싸놓아야 해.

今晚他们要打扫好房间。

Jīn wǎn tā men yào dǎ sǎo hǎo fáng jiān。

(찐 왕 타 먼 야오 다 싸오 하오 팡 지엔)

그들은 오늘 저녁까지 청소를 모두 마쳐놔야 해.

📝 어떤 부분이 이해가 안 가나요?

상대에게 어떤 일을 하라고 시켰나요? 이제 무슨 문제가 있진 않은지, 이해가 가지 않는 부분이 있는지 물어볼 차례입니다.

哪里不懂?
Nǎ lǐ bù dǒng?
(나 리 뿌 동?)
어떤 부분이 이해가 가지 않나요?

有什么疑惑吗?
Yǒu shénme yí huò ma?
(요우 션머 이 후어 마?)
어떤 부분이 잘 이해되지 않나요?

可以问。
Kě yǐ wèn。
(크어 이 원)
물어봐도 돼요.

▶ Dialogue

佩佩小姐，把报告完成，
今晚交给我。

Pèi pei xiǎo jiě, bǎ bào gào wán chéng,
jīn wǎn jiāo gěi wǒ.

(페이 페이 샤오 지에, 바 빠오 까오 완 청,
찐 완 찌아오 게이 워)

페이페이 씨, 오늘 저녁까지
저에게 보고서 제출해주세요.

没问题，我现在就做。

Méi wèn tí, wǒ xiàn zài jiù zuò.

(메이 원 티, 워 씨엔 짜이 지요우 쭈어)

문제 없습니다. 지금 바로 할게요.

哪里有疑惑，可以问我。

Nǎ lǐ yǒu yí huò, kě yǐ wèn wǒ.

(나 리 요우 이 후어, 크어 이 원 워)

이해 안 되는 부분은 저에게 물어보세요.

谢谢。

Xiè xie.

(쎼 쎼)

감사합니다.

祝贺/祝福
安慰/鼓励
축하/덕담/위로/격려

116 축하해요

MP3 18-116

이번에는 축하 인사를 전해봅시다. 축하를 나타내는 표현은 "축하해."라고
말하기만 하면 됩니다. 중국어로는 "恭喜 꽁 씨"를 씁니다.

恭喜恭喜。
Gōng xǐ gōng xǐ。
(꽁 씨 꽁 씨)
축하해.

▶ Dialogue

恭喜恭喜。
Gōng xǐ gōng xǐ。
(꽁 씨 꽁 씨)
축하해.

谢谢!
Xiè xie!
(쎼 쎼!)
감사합니다!

▶ **Dialogue**

恭喜你!
Gōng xǐ nǐ!
(꽁 씨 니!)
축하해!

谢谢!
Xiè xie!
(쎼 쎼!)
감사합니다!

예문에서처럼 누군가에게 축하의 말을 건네면 상대방도 우리에게 감사하다
는 말을 할 것입니다.

117 행복한 …날이 되시길 바랍니다

누군가에게 축하의 말을 전하면서 덕담을 곁들인다면 상대방도 기뻐하겠지요. 경조사나 명절 때 쓰는 표현으로 "행복한 … 날이 되시길 바랍니다."라고 하는데, 중국어로는 "祝 쭈"와 "快乐 콰이 러"라는 표현을 써서 나타냅니다.

✎ 행복한 …날이 되시길 바랍니다

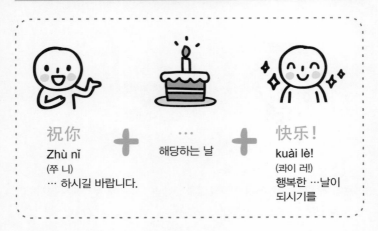

祝你
Zhù nǐ
(쭈 니)
… 하시길 바랍니다.

+

…
해당하는 날

+

快乐!
kuài lè!
(콰이 러!)
행복한 …날이
되시기를

상대방에게 덕담을 할 때는 당신이라는 뜻의 "你 니"를 쓸 수 있습니다. 그러나 여러 명에게 덕담을 전하고 싶을 때는 다음과 같이 "모두"라는 뜻의 "大家 따 지아"를 쓰면 됩니다.

📝 모두 행복한 …날 되시기를 바랍니다

祝大家
Zhù dà jiā
(쭈 따 지아)
모두 …하시길
바랍니다.

+

…
해당하는 날

+

快乐!
kuài lè!
(콰이 러)
행복한 …날이
되시기를

祝你生日快乐!
Zhù nǐ shēng rì kuài lè!
(쭈 니 셩 르 콰이 러)
당신의 생일을 축하합니다!

祝大家元旦快乐!
Zhù dà jiā yuán dàn kuài lè!
(쭈 따 지아 위엔 딴 콰이 러)
모두들 새해 복 많이 받으세요!

祝你春节快乐!
Zhù nǐ chūn jié kuài lè!
(쭈 니 춘 지에 콰이 러)
즐거운 설날 되시길 바랍니다!

덕담을 전하려는 상대가 누구인지 서로 알고 있을 때는 "당신"과 "모두"라는 표현을 생략할 수도 있습니다. 다음과 같이 말입니다.

祝春节快乐!
Zhù chūn jié kuài lè!
(쭈 춘 지에 콰이 러!)
새해 복 많이 받아!

아니면 좀 더 짧게 말해봅시다. "…하기 바랍니다."의 뜻인 "祝 쭈"만 생략해도 같은 뜻이 됩니다. 하지만 "행복한"이라는 뜻의 "快乐 콰이 러"라는 표현은 꼭 들어가야 합니다.

春节快乐!
Chūn jié kuài lè!
(춘 지에 콰이 러!)
새해 복 많이 받아!

教师节
jiào shī jié
(찌아오 슬 지에)
스승의 날

圣诞节
shèng dàn jié
(셩 딴 지에)
크리스마스

元旦
yuán dàn
(위엔 딴)
새해

情人节
qíng rén jié
(칭 런 지에)
밸런타인데이

国庆节
guó qìng jié
(구어 칭 지에)
국경절

中秋节
zhōng qiū jié
(쫑 치유 지에)
추석

중국에서는 연장자에게 생일 축하 인사를 전할 때 쓰는 특별한 표현이 있습니다. 이 말은 무척 심오하고 좋은 뜻을 가지고 있습니다. 바로 다음 표현입니다. 기억해두면 좋습니다.

祝您福如东海，寿比南山！

Zhù nín fú rú dōng hǎi, shòu bǐ nán shān!
(쭈 닌 푸 루 똥 하이, 쇼우 비 난 샨)
(동해처럼) 복 받으시고 (남산처럼) 장수하시길 바랍니다.

118 ⋯하시길 바랍니다

이 외에도 여러 상황에서 쓰이는 각종 덕담들이 있습니다. "⋯ 하시길 바랍니다."라는 뜻의 "祝你 쭈 니"라는 표현 뒤에 덕담의 내용을 이어서 말해 주면 됩니다.

📝 원하는 바 이루시길 바랍니다

祝你万事如意!
Zhù nǐ wàn shì rú yì!
(쭈 니 완 슬 루 이!)
원하시는 모든 일 이루시길 바랍니다.

📝 사랑을 이루시길 바랍니다

祝你们白头偕老!
Zhù nǐ men bái tóu xié lǎo!
(쭈 니 먼 바이 토우 씨에 라오!)
검은 머리 파뿌리 될 때까지 사랑하시길 바랍니다!

📝 성공하시길 바랍니다

祝你生意兴隆!
Zhù nǐ shēng yì xīng lóng!
(쭈 니 셩 이 씽 롱!)
사업 번창하시길 바랍니다!

祝你工作顺利!
Zhù nǐ gōng zuò shùn lì!
(쭈 니 꿍 쭈어 슌 리!)
하시는 일 평탄하시길 바랍니다!

祝你事业成功!
Zhù nǐ shì yè chéng gōng!
(쭈 니 슬 예 청 꿍!)
성공하시길 바랍니다!

건강하시길 바랍니다

祝你身体健康!
Zhù nǐ shēn tǐ jiàn kāng!
(쭈 니 션 티 지엔 캉!)
건강하시길 바랍니다!

祝你早日康复!
Zhù nǐ zǎo rì kāng fù!
(쭈 니 짜오 르 캉 푸!)
빠른 쾌유를 바랍니다!

안전한 여행 되시길 바랍니다

祝你一路平安!
Zhù nǐ yí lù píng ān!
(쭈 니 이 루 핑 안!)
안전한 여행 되시길 바랍니다!

祝你一路顺风!
Zhù nǐ yí lù shùn fēng!
(쭈 니 이 루 순 펑!)
순탄한 여행 되시길 바랍니다!

119 위로 / 격려

우리는 좋은 일을 기뻐할 때에는 격려를, 가까운 사람이 슬픔을 겪고 있을 때는 위로를 합니다. 중국어로 상대방을 위로하거나 격려하는 말에는 어떤 것이 있는지 알아봅시다.

📝 일단 진정해요

先冷静下来。
Xiān lěng jìng xià lái。
(씨엔 렁 찡 씨아 라이)
일단 진정하렴.

▶ **Dialogue**

我迷路了。
Wǒ mí lù le。
(워 미 루 러)
저는 길을 잃었어요.

先冷静下来。
Xiān lěng jìng xià lái。
(씨엔 렁 찡 씨아 라이)
일단 진정하세요.

别想太多。
Bié xiǎng tài duō。
(비에 씨앙 타이 뚜어)
너무 깊게 생각하지 마.

▶ **Dialogue**

我认为他很自私。
Wǒ rèn wéi tā hěn zì sī。
(워 런 웨이 타 헌 쯔 쓰)
내 생각엔 그 애 너무 이기적인 것 같아.

别想太多。
Bié xiǎng tài duō。
(비에 씨앙 타이 뚜어)
너무 깊게 생각하지 마.

📝 기운 내요

先别灰心。

Xiān bié huī xīn。

(씨엔 비에 후이 씬)

기운 내.

▶ **Dialogue**

我真的累了。

Wǒ zhēn de lèi le。

(워 쩐 더 레이 러)

나 너무 피곤해.

先别灰心。

Xiān bié huī xīn。

(씨엔 비에 후이 씬)

기운 내.

📝 모두 잘 될 거예요

一切都会好的。
Yí qiè dōu huì hǎo de。
(이 치에 또우 후이 하오 더)
모두 잘 될 거야

一切都会更好。
Yí qiè dōu huì gèng hǎo。
(이 치에 또우 후이 껑 하오)
모든 게 더 잘 될 거야.

▶ Dialogue

我现在不知所措了。
Wǒ xiàn zài bù zhī suǒ cuò le。
(워 씨엔 짜이 부 쯸 수어 추어 러)
지금 모든 게 뒤죽박죽이 되어가고 있어.

一切都会好的。
Yí qiè dōu huì hǎo de。
(이 치에 또우 후이 하오 더)
모두 다 잘 될 거야.

我同意，一切都会更好。
Wǒ tóng yì, yí qiè dōu huì gèng hǎo。
(워 통 이, 이 치에 또우 후이 껑 하오)
나도 그렇게 생각해. 모든 게 더 나아질 거야.

364

加油! 加油!
Jiā yóu! jiā yóu!
(찌아 요우! 찌아 요우!)
파이팅!

▶ **Dialogue**

明天我就考试了。
Míng tiān wǒ jiù kǎo shì le。
(밍 티엔 워 찌유 카오 슬 러)
내일 시험이 있어.

加油! 加油!
Jiā yóu! jiā yóu!
(찌아 요우! 찌아 요우!)
파이팅!

📖 마음을 가라앉히렴

사랑하는 가족을 잃고 생긴 슬픔을 달래려는 상황일 때, 우리는 위로의 표현을 씁니다. 바로 슬퍼하는 것을 멈추고 마음을 가라앉히고 단단히 하라는 표현이지요. 바로 이렇게요.

节哀顺变。

Jié āi shùn biàn.

(지에 아이 슌 비엔)

그만 슬퍼하고 마음을 가라앉히렴.

▶ **Dialogue**

节哀顺变!

Jié āi shùn biàn!

(지에 아이 슌 비엔)

너무 상심하지 말고 힘내!

谢谢。

Xiè xie。

(쎼 쎼)

고마워.

만약 우리보다 연장자인 사람에게 말할 때는 "请 칭"을 넣어서 더 공손하게 느껴지도록 말합니다.

请节哀顺变!

Qǐng jié āi shùn biàn!

(칭 지에 아이 슌 비엔)

너무 상심하지 마시고 힘내시길 바랍니다!

爱/不爱
사랑한다/사랑하지 않는다

120 사랑하다

(▶ MP3 19-120)

살면서 쓰게 되는 말 중에서 또 하나의 중요한 주제가 있지요. 바로 사랑에 관한 말입니다. 여기에서는 만남을 시작하는 순간부터 사랑에 관한 다양한 표현까지 배워보도록 하겠습니다. 먼저 "사랑하다" 또는 "좋아하다"의 감정을 느꼈을 때의 표현부터 시작해봅시다. 중국어로 사랑을 느낄 때의 감정은 이렇게 말할 수 있습니다.

📝 반하다

어떤 사람이 누군가에게 반했을 때는 "전기"라는 뜻의 "电 띠안"을 씁니다. 왜냐하면 중국인들은 반했을 때의 느낌을 전기 충격과 같다고 비유하기 때문입니다.

我被他电到了。
Wǒ bèi tā diàn dào le。
(워 베이 타 띠엔 따오 러)
나는 그에게 반했어요.

丹丹被大卫电到了。
Dān dān bèi Dà wèi diàn dào le。
(딴 딴 베이 따 웨이 띠엔 따오 러)
딴딴은 따웨이에게 반했어요.

📝 좋아한다

또는 바로 "좋아하다"라는 표현을 쓸 수도 있습니다. "좋아하다"라는 뜻의 "喜欢 씨 환"으로 문장을 만들 수 있습니다.

我喜欢他。

Wǒ xǐ huān tā。
(워 씨 환 타)
나는 그를 좋아해요.

力宏喜欢丹丹。

Lì hóng xǐ huān Dān dān。
(리 훙 씨 환 딴 딴)
리훙은 딴딴을 좋아해요.

📝 사랑하다

"좋아하다"보다 강력한 표현은 "사랑하다"입니다. 중국어로 "사랑"이라는 뜻을 가진 말은 "爱 아이"입니다. 우리가 누군가를 사랑할 때 또는 누군가 나를 사랑할 때 사용할 수 있는 표현입니다.

我爱他。

Wǒ ài tā。
(워 아이 타)
나는 그를 사랑해.

我爱你。

Wǒ ài nǐ。
(워 아이 니)
나는 너를 사랑해.

🖋 사랑에 빠지다

그리고 또 다른 표현이 있습니다. "爱上 아이 샹"은 "사랑에 빠지다"에 해당되는 말입니다.

我觉得爱上他了。
Wǒ jué de ài shàng tā le.
(워 쥬에 더 아이 샹 타 러)
나는 그와 사랑에 빠진 것 같아.

冰冰爱上天乐。
Bīng bīng ài shàng Tiān lè.
(삥 삥 아이 샹 티엔 러)
삥삥은 티엔러와 사랑에 빠졌어.

121 첫눈에 반하다 / 짝사랑하다

▶ MP3 19-121

📖 첫눈에 반하다

사랑에는 여러 가지 형태가 있습니다. 그리고 지금 말하고자 하는 사랑은 아마 우리에게도 여러 번 찾아왔을 것입니다. 늘 일어나는 사랑의 형태 중의 하나이지요. 바로 처음 보자마자 사랑에 빠지는 것입니다. 이런 사랑은 "첫눈에 반하다"라고 표현합니다. 누군가를 처음 보자마자 사랑에 빠지는 것을 중국어로는 "一见到…, …就爱上你了 이 찌엔 따오…, … 찌유 아이 샹 니 러"라고 말합니다.

一见到你，我就爱上你了。
Yí jiàn dào nǐ, wǒ jiù ài shàng nǐ le。
(이 지엔 따오 니, 워 찌유 아이 샹 니 러)
나는 너에게 첫눈에 반했어.

一见到他，她就爱上他了。
Yí jiàn dào tā, tā jiù ài shàng tā le。
(이 지엔 따오 타, 타 찌유 아이 샹 타 러)
그녀는 그 사람에게 첫눈에 반했어.

또한 이번이 첫사랑이라는 걸 나타내고 싶다면 다음 문장처럼 말할 수 있습니다.

这次是初恋。
Zhè cì shì chū liàn。
(쩌 츠 쓰 추 리엔)
이번이 나에게는 첫사랑이야.

짝사랑하다

많은 사람이 겪어보았을 또 하나의 사랑은 바로 짝사랑입니다. 사랑하고 있지만 당사자에게 말할 수 없거나 혹은 말하고 싶어도 여러 사정으로 말할 수 없는 사랑을 중국어로는 다음과 같이 말합니다.

这是单恋。
Zhè shì dān liàn。
(쩌 쓰 딴 리엔)
이건 짝사랑이야.

122 썸 타다 / 데이트하다

사랑에 빠진 사람은 그 사랑을 발전시키는 방법을 궁리하게 됩니다. 누군가에게 반했다면, 상대방에 대한 관심을 확실히 보여주세요. 한국어에서는 이런 걸 "썸"이라고 하지요. 두 사람이 서로를 알아가는 상황을 말합니다. 영어를 그대로 사용한 "데이트"라는 단어도 있습니다. 이런 것들을 중국어로는 다음과 같이 말합니다.

📝 썸 타다

我正在追她。
Wǒ zhèng zài zhuī tā.
(워 쩡 짜이 쭈이 타)
나는 그녀와 썸을 타고 있어.

📝 데이트

他刚约我出去。
Tā gāng yuē wǒ chū qù.
(타 깡 위에 워 추 취)
그가 방금 나한테 데이트 신청했어.

我和他约会了。
Wǒ hé tā yuē huì le.
(워 흐어 타 위에 후이 러)
나는 그와 데이트하기로 했어.

PART 19 사랑한다/사랑하지 않는다

 **보고 싶다**

(▶ MP3 19-123)

사랑과 함께 생기는 감정 중의 하나로 그리움이 있습니다. 중국어로는 "想 씨앙"이라는 단어를 씁니다. 누군가를 그리워할 때 다음과 같은 문장 구조 를 써서 나타냅니다.

✏ …가 …를 보고 싶어하다

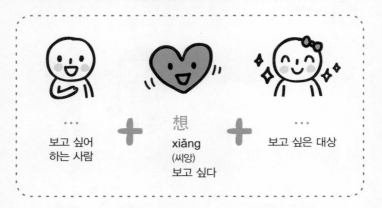

…
보고 싶어
하는 사람

+

想
xiǎng
(씨앙)
보고 싶다

+

…
보고 싶은 대상

我想你。
Wǒ xiǎng nǐ。
(워 씨앙 니)
나는 네가 보고 싶어.

374

▶ Dialogue

我想你，你想我吗?

Wǒ xiǎng nǐ, nǐ xiǎng wǒ ma?
(워 씨앙 니, 니 씨앙 워 마?)
나는 네가 보고 싶어. 너는 내가 보고 싶어?

我也想你。

Wǒ yě xiǎng nǐ。
(워 예 씨앙 니)
나도 네가 보고 싶어.

 **고백하기**

124 고백하기

(▶ MP3 19-124)

두 사람의 관계가 아름답게 무르익어 서로에게 좋은 감정이 가득 찼습니다. 이제 용감히 누군가 한 명이 관계를 변화시키자는 말을 입 밖으로 낼 때입니다. 친구 사이에서 사랑하는 사이로의 변화 말입니다.

할 말이 있어

하고 싶은 말이 있다거나 고백할 말이 있다는 것으로 먼저 상대방에게 눈치를 줍시다.

我有事要告诉你。
Wǒ yǒu shì yào gào sù nǐ。
(워 요우 슬 야오 까오 수 니)
나 할 말이 있어.

我有事要坦白。
Wǒ yǒu shì yào tǎn bái。
(워 요우 슬 야오 탄 바이)
나 고백하고 싶은 게 있어.

376

📖 우리 한 번 만나볼래?

상대방이 말을 들어준다면, 이제 마음속에 있는 말을 꺼내어 고백해봅시다.

我喜欢你， 我们要不要交往试试?

Wǒ xǐ huān nǐ, wǒ men yào bú yào jiāo wǎng shì shi?
(워 씨 환 니, 워 먼 야오 뿌 야오 찌아오 왕 슬 슬?)
나는 네가 좋아. 우리 한 번 만나보지 않을래?

我喜欢你，我们交往吧。

Wǒ xǐ huān nǐ, wǒ men jiāo wǎng ba.
(워 씨 환 니, 워 먼 찌아오 왕 바)
나는 네가 좋아. 우리 사귀자.

이제 고백을 받는 쪽은 쑥스러워 얼굴이 빨개지겠지요. 그리고 자신이 왜 좋은지에 대한 이유를 수줍게 물어볼 것입니다.

你为什么喜欢我?

Nǐ wèi shén me xǐ huān wǒ?

(니 웨이 션 머 씨 환 워?)

너는 내가 왜 좋아?

你喜欢我哪一点?

Nǐ xǐ huān wǒ nǎ yì diǎn?

(니 씨 환 워 나 이 띠엔?)

너는 나의 어디가 좋아?

사람이 사람을 사랑하는 데에는 수많은 이유가 있을 것입니다.

因为你是个做自己的人。

Yīn wèi nǐ shì gè zuò zì jǐ de rén。

(인 웨이 니 쓰 거 쭈어 쯔 지 더 런)

왜냐면 그냥 너이기 때문이야.

378

我跟你在一起很幸福。

Wǒ gēn nǐ zài yì qǐ hěn xìng fú.

(워 건 니 짜이 이 치 헌 씽 푸)

너와 있을 때 나는 행복해.

因为你可爱。

Yīn wèi nǐ kě ài.

(인 웨이 니 크어 아이)

왜냐면 너는 너무 귀여워.

因为你一直在我身边。

Yīn wèi nǐ yì zhí zài wǒ shēn biān.

(인 웨이 니 이 즐 짜이 워 션 비엔)

왜냐면 너는 내 곁에 항상 가까이 있어줬잖아.

因为你人很好。

Yīn wèi nǐ rén hěn hǎo.

(인 웨이 니 런 헌 하오)

왜냐면 너는 마음씨가 따뜻한 사람이잖아.

125 너는 내 취향이 아니야

(▶ MP3 19-125)

고백을 마치고 난 뒤에 과연 상대방이 우리의 마음을 받아줄 것인지 알아채
는 것은 어렵지 않습니다. 미소를 짓거나 고개를 끄덕인다면 오케이입니다.
하지만 그 사람이 우리의 고백을 거절한다면 거기엔 아마 여러가지 이유가
있을 것입니다. 가장 예로 들만한 건, 자신의 취향이 아니라는 것이겠지요.

类型
lèi xíng
(레이 씽)
취향

你不是我喜欢的类型。
Nǐ bú shì wǒ xǐ huān de lèi xíng.
(니 뿌 쓰 워 씨 환 더 레이 씽)
당신은 제 취향이 아니에요.

他还不是我喜欢的类型。
Tā hái bú shì wǒ xǐ huān de lèi xíng.
(타 하이 뿌 쓰 워 씨 환 더 레이 씽)
그는 전혀 내 취향이 아니야.

▶ **Dialogue**

听说，那个力宏向你表白?
那你怎么回答的?

Tīng shuō, nà gè Lì hóng xiàng nǐ biǎo bái?
nà nǐ zěn me huí dá de?

(팅 슈어, 나 거 리 홍 씨앙 니 비아오 빠이
나 니 쩐 머 후이 다 더?)
듣자하니 리홍이 너한테 고백했다며,
너는 뭐라고 대답했어?

回答什么啊，一定是拒绝啊。

Huí dá shén me a, yí dìng shì jù jué ā.
(후이 다 션 머 아, 이 딩 쓰 쥐 쥬에 아)
뭐라고 대답하겠어, 거절했지.

哎为什么，他看起来很好的。

Āi wèi shén me,
tā kàn qǐ lái hěn hǎo de.
(아이 웨이 션 머, 타 칸 치 라이 헌 하오 더)
어머, 왜? 걔 괜찮아 보이던데.

他呀，不是我喜欢的类型。

Tā yā, bú shì wǒ xǐ huān de lèi xíng.
(타 야, 뿌 쓰 워 씨 환 더 레이 씽)
그는 내 취향이 아니야.

126 **사귀는 사람이 있어요**

▶ MP3 19-126

이 한마디라면 마음을 받아줄 수 없는 이유를 구구절절 늘어놓기보다 하루
빨리 마음을 정리해야겠지요.

我已经有(男/女)朋友了。

Wǒ yǐ jīng yǒu (nán/nǚ) péng yǒu le。
(워 이 찡 요우 (난/뉘) 펑 요우 러)
나는 이미 사귀는 사람이 있어.

만약 정말로 사귀는 사람이 있다면 지금 만나고 있는 사람이 누구인지 말해줄 수도 있겠지요.

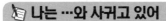
나는 …와 사귀고 있어

我	+	跟	+	名字	+	交往
Wǒ		gēn		Míng zi		jiāo wǎng
(워)		(건)		(밍 쯔)		(찌아오 왕)
나는		…와		사귀는 사람 이름		사귀는 중이다

我跟力宏 交往。
Wǒ gēn Lì hóng jiāo wǎng.
(워 건 리 훙 찌아오 왕)
나는 리훙과 사귀고 있어.

127 그는 바람기가 많아

바람기가 많은 사람은 자기 매력을 어필하는 데 탁월하지요. 하지만 상대방은 그 매력으로 인해 힘들답니다. 그래도 이 단어 정도는 알아둡시다.

花心
huā xīn
(화 씬)
바람기

经常劈腿。
Jīng cháng pǐ tuǐ.
(찡 창 피 투이)
여러 명에게 집적댄다.

那个女人很花心。

Nà gè nǚ rén hěn huā xīn。
(나 거 뉘 런 헌 화 씬)
저 여자는 바람기가 많아.

他很花心，经常劈腿。

Tā hěn huā xīn, jīng cháng pǐ tuǐ。
(타 헌 화 씬, 찡 창 피 투이)
저 사람 바람기 많아, 항상 다른 사람에게 집적댄대.

그에겐 다른 사람이 있어

여러 사람에게 매력을 어필하는 사람은 피곤하지요. 그러나 만약 연인이 있으면서도 다른 사람과 바람을 피우고 있는 부류들은 뭐랄까요……. 음 아예 말을 맙시다. 이런 사람들을 뭐라고 해야 하는지 모두들 알 거라고 믿겠습니다.

▶ MP3 19-128

外遇/別人
wài yù/bié rén
(와이 유/비에 런)
연인/다른 사람

第三者
dì sān zhě
(띠 싼 즈어)
제삼자

他有了别人。

Tā yǒu le bié rén.
(타 요우 러 비에 런)
그는 다른 사람이 있어.

我的爱人一定和谁偷偷交往。

Wǒ de ài rén yí dìng hé shuí tōu tōu jiāo wǎng.
(워 더 아이 런 이 띵 흐어 쉐이 토우 토우 찌아오 왕)
내 애인은 지금 바람피우고 있는 게 확실해.

129 우리 아직 사랑하고 있는 거 맞지?

(▶ MP3 19-129)

끓어오른 사랑의 맛은 처음엔 달콤합니다. 하지만 시간이 지나면서 상대의 마음이 변해간다고 느끼게 되면 마음도 허해지지요. 혼란한 마음이 생기면서 상대방에게 물어보게 됩니다. "우리 아직 사랑하고 있는 거 맞지?"

우리 아직
사랑하고 있는 거 맞지?

我们还在相爱吗?
Wǒ men hái zài xiāng ài ma?
(워 먼 하이 짜이 씨앙 아이 마?)
우리 아직 사랑하고 있는 거 맞지?

我们还是老样子吗?
Wǒ men hái shì lǎo yàng zi ma?
(워 먼 하이 쓰 라오 양 쯔 마?)
우리 아직 예전이랑 똑같은 거 맞지?

🗒 너 변한 것 같아

이 말은 조금 서운한 것 가지고 할 수 있는 말은 아닙니다. 왜냐하면 듣는 사람도 기분이 상하고 무척 실망할 수 있는 말이기 때문입니다. 따라서 쓰기 전에 충분히 생각한 뒤에 말하도록 합시다.

你变了。
Nǐ biàn le。
(니 비엔 러)
너 변했어.

所有的事情都不一样了。
Suǒ yǒu de shì qíng dōu bù yí yàng le。
(쑤어 요우 더 슬 칭 또우 뿌 이 양 러)
모든 게 예전 같지 않아.

130 # 너에게 마음이 식었어

(▶ MP3 19-130)

아주 직설적인 표현으로 듣는 사람의 마음을 무척 저리고 아프게 만들 말입니다. 하지만 어떨 때는 돌려 말하는 것보다 더 나을 수도 있습니다. 상대방에게 아직 감정이 남아있을지도 모른다는 괜한 희망을 주지 않으니까요.

我对你没什么感情了。
Wǒ duì nǐ méi shén me gǎn qíng le。
(워 뚜이 니 메이 션 머 깐 칭 러)
너에게 마음이 식었어.

我不爱你了。
Wǒ bú ài nǐ le。
(워 뿌 아이 니 러)
더 이상 너를 사랑하지 않아.

131 너는 너무 좋은 사람이야

마음이 식었지만 직설적으로 말하지 않고 완곡하게 돌려 말하는 방법입니다. 그러나 들어있는 의미는 같습니다.

▶ MP3 19-131

你人很好。

Nǐ rén hěn hǎo。

(니 런 헌 하오)

너는 좋은 사람이야.

이렇게만 말하는 것은 듣기 좋습니다. 하지만 똑같은 문장에 "너무"라는 말이 붙으면 느낌이 달라지지요.

你太好了。

Nǐ tài hǎo le。

(니 타이 하오 러)

너는 너무 좋은 사람이야.

▶ Dialogue

我不爱你了。

Wǒ bú ài nǐ le。
(워 뿌 아이 니 러)
나는 이제 너를 사랑하지 않아.

能不能告诉我做错了什么?

Néng bù néng gào sù
wǒ zuò cuò le shén me?
(넝 뿌 넝 까오 쑤 워 쭈어 추어 러 션 머?)
내가 뭔가 잘못한 게 있는지 말해줄 수 있어?

你太好了。

Nǐ tài hǎo le。
(니 타이 하오 러)
너는 너무 좋은 사람이야.

那你为什么早不跟我说
你喜欢坏人!

Nà nǐ wèi shén me zǎo bù gēn wǒ shuō
nǐ xǐ huān huài rén!
(나 니 웨이 션 머 짜오 뿌 건 워 슈어 니 씨 환 화이 런!)
그럼 왜 처음부터 더 못난 사람을
좋아한다고 말하지 않았어?

헤어지다 / 마음이 아프다

헤어질 때 쓰는 표현들을 알아봅시다.

▶ MP3 19-132

📝 제삼자가 있다

他们有第三者。

Tā men yǒu dì sān zhě。

(타 먼 요우 띠 싼 즈어)

그는 다른 사람이 있어.

📝 서로 맞지 않다

我们合不来。

Wǒ men hé bù lái。

(워 먼 흐어 뿌 라이)

우리는 서로 안 맞아.

📝 헤어지다/이혼하다

더 이상 서로 사랑할 수 없을 때에는 헤어지는 게 가장 좋겠지요. 헤어질 때 쓰는 가장 일반적인 표현은 바로 이 문장입니다.

我们结束了。

Wǒ men jié shù le。

(워 먼 지에 슈 러)

우리 끝났어.

PART 19 사랑한다/사랑하지 않는다

393

조금 더 구체적인 문장으로는 사귀는 사이였던 사람과 헤어졌다고 말하는 것입니다.

我们分手了。
Wǒ men fēn shǒu le。
(워 먼 펀 쇼우 러)
우리 헤어졌어.

하지만 서로 결혼한 사이었는데 이혼을 하게 된 상황이라면 이 문장을 쓰게 됩니다.

我们离婚了。
Wǒ men lí hūn le。
(워 먼 리 훈 러)
우리 이혼했어.

실연하다

이루지 못한 사랑에 대한 표현으로 마무리하겠습니다. 사랑이 이루어지지 않은 모든 상황을 우리는 "실연하다"라고 표현합니다

我失恋了。
Wǒ shī liàn le。
(워 슬 리엔 러)
나 실연했어.

Chapter
20

疾病
질병

133 어디 안 좋아요?

우리가 열이 나고 아플 때 누군가 걱정스럽게 "어디 안 좋니?"라고 물어봐
준다면 좋겠지요. 반대로 우리도 가까운 사람이 몸이 좋지 않을 때 물어볼
것입니다. 어떤 말이든 듣는 사람에 대한 걱정이 느껴지는 말을 해주면 좋겠
지요. 중국어로는 어떻게 말할 수 있을지 한 번 보겠습니다.

你怎么了?
Nǐ zěn me le?
(니 쩐 머 러?)
너 무슨 일 있니?

你不舒服吗?
Nǐ bù shū fu ma?
(니 뿌 슈 푸 마?)
너 어디 아프니?

어디 안 좋아요?

···가 아파 / ···에 통증이 있어

아픈 곳을 말하려면 "아프다" 또는 "통증이 있다"라는 뜻의 "疼 텅"을 써서
다음과 같이 나타낼 수 있습니다.

▶ MP3 20-134

📝 ···가 아파 / ···에 통증이 있어

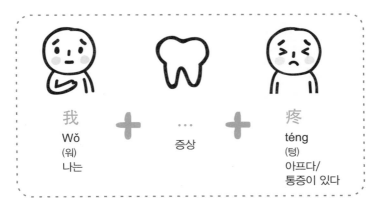

我
Wǒ
(워)
나는

＋

···
증상

＋

疼
téng
(텅)
아프다/
통증이 있다

我牙疼。
Wǒ yá téng。
(워 야 텅)
나는 이가 아프다.

我嗓子疼。
Wǒ shǎng zi téng。
(워 샹 쯔 텅)
나는 목이 아프다.

PART 20 질병

397

我背疼。
Wǒ bèi téng。
(워 뻬이 텅)
등이 아파.

我肚子疼。
Wǒ dù zi téng。
(워 뚜 쯔 텅)
배가 아파.

Memo

"疼 텅"이라는 단어 외에도 중국어에는 "아프다" 또는 "통증이 있다"는 말로 "痛 통"이 있습니다. 예를 들어 "我头痛 워 토우 통"이라는 말은 "나는 두통이 있다"라는 뜻입니다. "통"은 주로 중국 남부 지방 사람들이 쓰는 표현입니다.

135 다양한 통증 표현

(►) MP3 20-135

막연히 아프다는 표현 외에도 우리가 흔히 말할 수 있는 몸이 안 좋은 증상
을 알아보도록 합시다. 중국어로는 이렇게 말합니다.

我头晕。
Wǒ tóu yūn。
(워 토우 윈)
머리가 핑핑 돌아.

我眼花。
Wǒ yǎn huā。
(워 옌 화)
현기증이 나.

我腰酸。
Wǒ yāo suān。
(워 야오 쑤완)
허리가 쑤셔.

PART 20 질병

我拉肚子。

Wǒ lā dù zi。
(워 라 뚜 쯔)
나 배탈이 났어.

我感冒了。

Wǒ gǎn mào le。
(워 간 마오 러)
나 감기에 걸렸어.

我发烧了。

Wǒ fā shāo le。
(워 파 샤오 러)
나 열이 나.

▶ **Dialogue**

你怎么了?
Nǐ zěn me le?
(니 쩐 머 러?)
너 어디 아프니?

我头晕。
Wǒ tóu yūn。
(워 토우 윈)
나 어지러워.

我拉肚子。
Wǒ lā dù zi。
(워 라 뚜 쯔)
나는 배탈이 났어.

我感冒了。
Wǒ gǎn mao le。
(워 간 마오 러)
나는 감기에 걸렸어.

PART 20 질병

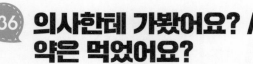

136 의사한테 가봤어요? / 약은 먹었어요?

▶ MP3 20-136

어디가 아픈지 말했다면 다음 문장들을 이용해 "약은 먹었어?" 또는 "의사 한테 가봤어?"라고 물어봅시다.

✍ 약은 먹었어요?

吃药了吗?
Chī yào le ma?
(츠 야오 러 마?)
약은 먹었어?

✍ 의사한테 가봤어요?

看医生了吗?
Kàn yī shēng le ma?
(칸 이 셩 러 마?)
의사한테 가봤어?

402

► **Dialogue**

你不舒服吗?
Nǐ bù shū fu ma?
(니 뿌 슈 푸 마?)
너 어디 아프니?

我头疼。
Wǒ tóu téng。
(워 토우 텅)
나 두통이 있어.

吃药了吗?
Chī yào le ma?
(츨 야오 러 마?)
약은 먹었니?

吃了。
Chī le。
(츨 러)
약 먹었어.

만약 약을 먹었다면 "먹었다"라는 뜻의 "吃了 츨 러"라고 대답할 수 있습니다.

你怎么了?

Nǐ zěn me le?

(니 쩐 머 러?)

너 무슨 일 있어?

我眼睛疼。

Wǒ yǎnjing téng。

(워 옌징 텅)

나 눈이 아파.

看医生了吗?

Kàn yī shēng le ma?

(칸 이 셩 러 마?)

의사한테 가 봤어?

去了。

Qù le。

(취 러)

갔다 왔어.

의사를 만나고 왔다면 예문과 같이 "去了 취 러"라고 대답할 수 있습니다.
"갔다 왔어"라는 뜻입니다.

137 어디가 아프신가요? ▶ MP3 20-137

다음 문장을 사용해서 우리가 어디가 아픈지에 대해 질문을 시작할 수 있습니다.

你哪儿不舒服?

Nǐ nǎr bù shū fu?
(니 날 뿌 슈 푸?)
어디가 아프신가요?

▶ **Dialogue**

你哪儿不舒服?

Nǐ nǎr bù shū fu?
(니 날 뿌 슈 푸?)
어디가 아프신가요?

我嗓子疼。

Wǒ shǎng zi téng。
(워 샹 쯔 텅)
목이 아파요.

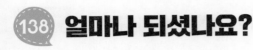
138 얼마나 되셨나요?

이어서 의사가 증상이 얼마나 오래되었는지 "아프다"라는 뜻의 "疼 텅"을 써서 질문할 거에요. 우리는 통증이 있는 부위를 강조하면서 말하면 됩니다.

你疼了多久了?
Nǐ téng le duō jiǔ le?
(니 텅 러 뚜어 지요우 러?)
아픈지 얼마나 되셨습니까?

▶ Dialogue

我嗓子疼。
Wǒ shǎng zi téng。
(워 상 쯔 텅)
저 목이 아파요.

你疼了多久了?
Nǐ téng le duō jiǔ le?
(니 텅 러 뚜어 지요우 러?)
아픈지 얼마나 되셨나요?

三天了。
Sān tiān le。
(싼 티엔 러)
3일째에요.

406

📝 아픈 지 오래 되셨나요?

만약 아픔 또는 통증 외에 다른 이유로 몸이 좋지 않을 때도 의사선생님은 그 증상이 얼마나 오래됐는지 물어보겠지요. 다음처럼 "앓게 된 지 얼마나 되셨나요?"라고 물어볼 겁니다.

你病了多久了?

Nǐ bìng le duō jiǔ le?
(니 삥 러 뚜어 지요우 러?)
아픈 지 얼마나 오래 되셨나요?

▶ **Dialogue**

我眼花。

Wǒ yǎn huā.
(워 옌 화)
현기증이 나요.

你病了多久了?

Nǐ bìng le duō jiǔ le?
(니 삥 러 뚜어 지요우 러?)
아픈 지 얼마나 오래 되셨나요?

三天了。

Sān tiān le.
(싼 티엔 러)
3일째에요.

PART 20 질병

407

139 의사의 권고사항

의사는 진단 뒤에 약 처방뿐만 아니라 다양한 권고사항들을 말할 겁니다. 처방이 더욱 효과를 발휘할 수 있도록 권장하거나 제제를 하는 것들이지요. 의사가 주로 하는 권고사항으로는 다음과 같은 것들이 있습니다.

你必须戒酒。
Nǐ bì xū jiè jiǔ.
(니 삐 쒸 지에 지요우)
술을 반드시 끊으셔야 합니다.

你必须戒烟。
Nǐ bì xū jiè yān.
(니 삐 쒸 찌에 옌)
담배를 반드시 끊으셔야 합니다.

你必须锻炼身体。
Nǐ bì xū duàn liàn shēn tǐ.
(니 삐 쒸 뚜안 리엔 션 티)
운동을 반드시 하셔야 합니다.

你必须多休息。

Nǐ bì xū duō xiū xi。

(니 삐 쒸 뚜어 씨유 씨)

당신은 반드시 충분한 휴식이 필요합니다.

你一天至少要睡六个小时觉。

nǐ yì tiān zhì shǎo yào shuì liù gè xiǎo shí jiào。

(니 이 티엔 즐 샤오 야오 슈웨이 리요우 거 샤오 슬 지아오)

하루에 최소 6시간씩은 주무셔야 합니다.

日常词
자주 쓰는 문장과 표현

140 중국어를 조금 할 수 있어요

마지막 주제에서는 우리가 모든 상황에서 자주 쓰게 될 표현들에 대해 알아보겠습니다. 중국어를 처음 배우기 시작하면 우리는 보통 원어민이 하는 말을 알아듣지 못할까 봐 미리 걱정하지요. 또는 우리가 말하는 발음이 이상하게 들릴 것을 걱정하기도 합니다. 이런 우려를 조금이나마 줄여주기 위해 대화하는 상대에게 우리의 중국어가 유창하지 않다고 말해줍시다.

我会讲一点点普通话。
Wǒ huì jiǎng yì diǎn diǎn pǔ tōng huà。
(워 후이 찌앙 이 띠엔 띠엔 푸 통 화)
저는 중국어를 조금만 할 수 있어요.

我讲的普通话也不是很好。

Wǒ jiǎng de pǔ tōng huà yě bú shì hěn hǎo.
(워 찌앙 더 푸 통 화 예 뿌 쓰 헌 하오)
저는 중국어를 잘하지 못해요.

我刚开始练习讲普通话。

Wǒ gāng kāi shǐ liàn xí jiǎng pǔ tōng huà.
(워 깡 카이 슬 리엔 씨 찌앙 푸 통 화)
저는 이제 막 중국어를 배우기 시작했어요.

我是韩国人。

Wǒ shì Hán guó rén。
(워 쓰 한 구어 런)
저는 한국인입니다.

- -

▶ **Dialogue**

不好意思，我会讲一点点普通话。

Bù hǎo yì si, wǒ huì jiǎng yì diǎn diǎn pǔ tōng huà。
(부 하오 이 쓰, 워 후이 찌앙 이 띠엔 띠엔 푸 통 화)
실례합니다. 저는 중국어를 조금만 할 수 있어요.

我也讲的不是很好。

Wǒ yě jiǎng de bú shì hěn hǎo。
(워 예 찌앙 더 뿌 쓰 헌 하오)
저도 중국어를 잘하지는 못해요.

我刚开始练习讲普通话。

Wǒ gāng kāi shǐ liàn xí jiǎng pǔ tōng huà.

(워 깡 카이 슬 리엔 씨 찌앙 푸 통 화)

저는 이제 막 중국어를 배우기 시작했어요.

我是韩国人，会讲一点点普通话。

Wǒ shì Hán guó rén, huì jiǎng yì diǎn diǎn pǔ tōng huà.

(워 쓰 한 구어 런, 후이 찌앙 이 띠엔 띠엔 푸 통 화)

저는 한국인입니다. 중국어를 아주 조금 할 줄 알아요.

141 이해했나요?

이제 막 중국어에 입문한 수준일 때는 상대방이 잘 알아들었는지 어떤지 궁금할 때가 있죠. 그럴 땐 상대방에게 물어봅시다.

懂吗?

Dǒng ma?
(똥 마?)
이해했나요?

你懂我说的吗?

Nǐ dǒng wǒ shuō de ma?
(니 똥 워 슈어 더 마?)
내가 말한 것 이해했니?

听懂了吗?

Tīng dǒng le ma?
(팅 똥 러 마?)
알아들었나요?

▶ **Dialogue**

你懂我说的吗?

Nǐ dǒng wǒ shuō de ma?
(니 똥 워 슈어 더 마?)
제가 말한 것 이해하셨나요?

我不懂。

Wǒ bù dǒng.
(워 부 똥)
이해하지 못했어요.

▶ **Dialogue**

我的普通话讲得不好，能听懂吗？

Wǒ de pǔ tōng huà jiǎng de bù hǎo, néng tīng
dǒng ma?
(워 더 푸 퉁 화 찌앙 드 뿌 하오, 넝 팅 똥 마?)
저는 중국어를 잘 하지 못해요. 알아들으실 수 있나요?

没关系，我听懂了。

Méi guān xi, wǒ tīng dǒng le。
(메이 관 씨, 워 팅 똥 러)
괜찮아요. 알아들을 수 있습니다.

142 이해하지 못했어요. 다시 말씀해주시겠어요?

자신의 중국어 듣기 실력이 충분하지 않다고 생각한다면 대화 상대에게 다시 한 번 말해달라고 해봅시다. 중국어로 이렇게 말할 수 있습니다.

可以再说一遍吗?
Kě yǐ zài shuō yí biàn ma?
(크어 이 짜이 슈어 이 비엔 마?)
다시 말씀해주실 수 있나요?

혹은 상대방이 한 말을 이해하지 못했다고 말해도 괜찮습니다. 그러면 아마 상대방이 한 번 더 말해 줄 겁니다.

我不懂。

Wǒ bù dǒng。
(워 뿌 똥)
이해하지 못했어요.

你说的我听不懂,
可以再说一遍吗?

**Nǐ shuō de wǒ tīng bù dǒng,
kě yǐ zài shuō yí biàn ma?**
(니 슈어 더 워 팅 부 똥, 크어 이 짜이 슈어 이 비엔 마?)
당신이 하신 말을 알아듣지 못했습니다.
다시 한 번 말씀해주실 수 있나요?

143 졸려 / 피곤해

▶ MP3 21-143

쉬우면서 알아두면 유용하게 쓰이는 표현들이 있습니다. 예를 들면 피곤하다거나 졸릴 때, 더 이상 놀기 힘들 때, 또는 힘들어서 어떤 활동을 더 이상 할 수 없다는 표현 등입니다.

我累。
Wǒ lèi.
(워 레이)
나 피곤해.

我困。
Wǒ kùn.
(워 쿤)
나 졸려.

我受不了了。
Wǒ shòu bù liǎo le.
(워 쇼우 부 랴오 러)
나 더 이상 못 버티겠어.

144 무슨 일이 생겼어요?

▶ MP3 21-144

"무슨 일이 생겼어요?"라는 문장도 역시 다양한 상황에서 쓸 수 있는 표현입니다. 어떤 일이 생겼는지 또는 누군가가 괜찮은지 물어볼 때 쓰는 표현입니다.

发生了什么事?

Fā shēng le shén me shì?
(파 셩 러 션 머 슬?)
무슨 일이 생겼어요?

有什么事?

Yǒu shén me shì?
(요우 션 머 슬?)
무슨 일이에요?

PART 20 자주 쓰는 문장과 표현

145 # 뭐 하는 중이에요?

직접 얼굴을 보고 대화하는 상황이나 메신저로 대화를 시작할 때 흔히 "뭐 하는 중이야?"라고 합니다. 이 질문은 종종 진짜로 상대방이 뭘 하고 있는지 물어보는 질문일 수도 있지만 어떤 때는 그저 상대방이 우리와 대화할 여유가 있는지 물어보는 말이기도 합니다.

在做什么?
Zài zuò shén me?
(짜이 쭈어 션 머?)
뭐 하는 중이에요?

또는 직설적으로 "지금 바쁘니?"하고 물어볼 수도 있습니다.

在忙吗?
Zài máng ma?
(짜이 망 마?)
지금 바쁘니?

146 가능해 / 물론이야

중국어에서는 제안에 대한 수락, 동의 또는 제안한 사람에 대한 동조의 표현
으로 다음과 같이 말할 수 있습니다.

可以的!
Kě yǐ de!
(크어 이 데!)
가능하지!

对了!
Duì le!
(뚜이 러!)
맞아!

当然!
Dāng rán!
(땅 란!)
당연하지!(긍정의 의미)

147 안 돼 / 절대 안 돼

▶ MP3 21-147

"가능해", "맞아", "당연하지" 등의 표현을 알아보았으니 이번에는 반대의 표현을 알아보도록 합시다. 거절하는 상황에서 쓰는 말로 "안 돼", "절대 안 돼", "불가능해" 등이 있습니다.

不。
Bù。
(뿌)
안 돼.

不行。
Bù xíng。
(뿌 씽)
절대 안 돼.

当然。
Dāng rán。
(땅 란)
당연하지.(부정의 의미)

일단 잠깐만 / 기다려 봐

어떤 일을 시작하려는 타이밍이 좋지 않을 때 상대방이 우리에게 해줄 수 있
는 말입니다. 중국어로는 이렇게 말합니다.

等等我。
Děng deng wǒ。
(덩 덩 워)
기다려 봐.

等一下。
Děng yí xià。
(덩 이 씨아)
일단 잠깐만.

稍等。
Shāo děng。
(샤오 덩)
잠시만 기다려 주세요.

일단 잠깐만 / 기다려 봐

149 뭐든지 괜찮아 / 아무거나 괜찮아

(▶) MP3 21-149

무언가를 권하는 상황에서 어떤 선택지든 상관없이 괜찮다고 생각한다면
"뭐든지 괜찮아."라고 말합니다. 아니면 다음과 같은 표현들도 있습니다.

都可以。
Dōu kě yǐ.
(또우 크어 이)
아무거나 괜찮아.

随便。
Suí biàn.
(쑤이 비엔)
마음대로 해.

无所谓。
Wú suǒ wèi.
(우 수어 웨이)
편한 대로 해.

没问题。
Méi wèn tí.
(메이 원 티)
문제없어.

(▶) MP3 21-150

150 다양한 감탄사

우리말에는 상황에 따라 다양한 감탄사가 있습니다. 예를 들어 어라, 으악, 어머나, 이런, 아이쿠 등이지요. 중국어도 마찬가지입니다. 중국인들이 쓰는 감탄사들도 배워봅시다.

哎呀!
Āi yā!
(아이 야)
놀랐을 때 쓰는 감탄사

咦!
Yí!
(이!)
감탄할 때 쓰는 감탄사

哎哟!
Āi yō!
(아이 요!)
아플 때 쓰는 감탄사

파본이나 내용상 오류 등 책에서 발견한 문제점을 알려주시면 독자 여러분을 위해 다음 재판 인쇄판에서 수정하겠습니다. 책에 관한 비평이나 칭찬의 말도 아래 연락처로 보내주시기 바랍니다.

홈페이지 www.hyejiwon.co.kr
블로그 blog.naver.com/hyejiwon9221
페이스북 www.facebook.com/hyejiwon9221

Original Title: QUICK CHINESE
copyright © 2014 Proud Publisher
Originally Published by Proud Publisher All rights reserved.

Korean Copyright © 2018 by HYEJIWON Publishing Co., Ltd.
Korean language translation rights arranged with Proud Publisher, through Little Rainbow Agency, Thailand and M.J. Agency, Taiwan.